LES
CHAMPS ET LES PRÉS

MONTEREAU. — IMPRIMERIE DE L. ZANOTE.

BIBLIOTHÈQUE DU CULTIVATEUR

PUBLIÉE

AVEC LE CONCOURS DU MINISTRE DE L'AGRICULTURE

LES CHAMPS ET LES PRÉS

PAR

P. JOIGNEAUX

TROISIÈME ÉDITION

PARIS
LIBRAIRIE AGRICOLE DE LA MAISON RUSTIQUE
26, RUE JACOB, 26

LES

CHAMPS ET LES PRÉS

PAR

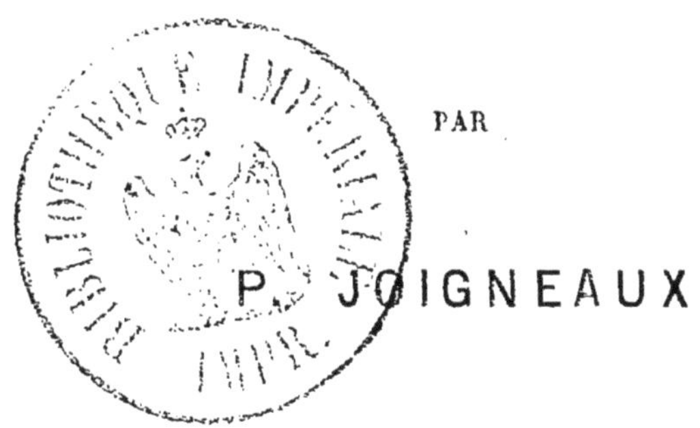

P. JOIGNEAUX

TROISIÈME ÉDITION

PARIS

LIBRAIRIE AGRICOLE DE LA MAISON RUSTIQUE

26, RUE JACOB, 26

1865

LES CHAMPS ET LES PRÉS

I

SOLS ET SOUS-SOLS.

— Les veillées sont longues, mon garcon, commença M. Mathieu, et, au dire du proverbe, le temps perdu ne se rattrape jamais. Pour lors, ne perdons pas le nôtre à écouter les grillons de la cheminée qui chantent, le bois vert qui sue, le vent du nord qui siffle par la serrure et les chiens qui aboient dans la cour.

Dans mon jeune temps, les voisines et même les voisins venaient ici où nous sommes et causaient de choses et d'autres en tournant le rouet ou en tricotant des bas de laine grise. Mais ces causeries-là n'étaient pas bonnes. C'étaient de vilaines histoires de revenants, de sorciers et de voleurs. Les trois quarts n'avaient pas le sens commun; n'importe, elles n'en donnaient pas moins la peur aux gens.

Après les avoir entendues, les hommes ne riaient point; quelque chose de froid comme un frisson d'hiver courait sous la peau des femmes et les poussait à se serrer les unes contre les autres; les enfants ne se couchaient plus sans lampe, et les voisines ne s'en allaient plus sans lanterne. Et notez que c'était à recommencer tous les jours de la semaine.

— Aujourd'hui, interrompit Jean-Pierre, le monde n'est pas, sauf le respect que je vous dois, monsieur Mathieu, aussi bête qu'en ce temps-là. Les vieux demandent à s'instruire et les jeunes aussi. Malheureusement, dans nos villages, ceux qui en savent long pour avoir lu dans les livres, sont rares, et qui n'a rien dans la tête ni dans la bourse ne saurait donner un petit écu ou une petite idée. Nous ne croyons plus guère aux trépassés qui reviennent, ni aux âmes qui dansent dans l'air et reluisent comme des chandelles, ni aux gens qui jettent des sorts sur les maisons et sur les bêtes; nous avons assez de vraies misères autour de nous, pour n'avoir pas besoin de nous bourrer la tête de contes qui font de la peine et donnent de la peur.

— C'est bien dit, Jean-Pierre! s'écria M. Mathieu. Cherchons donc entre nous autres que voici, le garçon du père Etienne, Nicolas, Grand-Louis et nous deux sans nous nommer, cherchons donc un bon moyen de gagner, avec la langue, le bois que nous brûlons et l'huile de colza que boit notre lampe.

— Moi, dit le garçon du père Étienne, je demande qu'on nous cause de la politique.

— Moi, dit Nicolas, je demande qu'on n'en parle point, jusqu'à nouvel ordre.

— Moi, continua Grand-Louis, je suis, pour le quart d'heure, de l'avis de Nicolas.

— Moi, dit enfin Jean-Pierre, qui venait de réfléchir, je demande tout bonnement à M. Mathieu de nous faire un cours d'agriculture à sa manière, de nous expliquer par la théorie ce que nous faisons dans la pratique.

C'est bel et bon de tourner la roue comme le chien du cloutier; mais il n'y aurait pas d'inconvénient à apprendre que la roue met le soufflet en mouvement, que le soufflet donne de la vie au feu, que le feu rougit le fer et que, l'homme aidant, il sort des clous tout faits de ce fer rouge. Eh bien! sans comparaison entre les animaux et les gens, quand nous voulons y regarder de près, nous trouvons un peu de ressemblance entre la manière de faire du chien du cloutier et la nôtre. On lui a appris à tourner, et il tourne; on nous a appris à labourer, à semer, et nous semons et nous labourons, sans chercher plus bas que le fer de notre charrue, sans regarder plus loin que le bout de notre champ. — Le chien du cloutier ne sait pas de quel bois sa roue est faite; nous ne savons pas non plus, nous autres, le vrai nom de la terre qui forme nos champs, le vrai nom et les qualités des ingrédients qui entrent dans cette terre-là. Nous ne savons pas comment s'appellent les dix-neuf vingtièmes des herbes qui poussent dessus, ni comment vivent ces herbes. Si elles se portent bien, tant mieux pour elles; si elles se portent mal, tant pis: nous n'avons pas de meilleures raisons à donner. — Si, à la besogne, nous nous y prenons de la manière que voici plutôt que de la manière que voilà, c'est que nos pères ne s'en trouvaient pas mal, dit-on, ni nos grands-pères, ni les vieux qui vivaient encore avant ceux-là. L'expérience nous prouve qu'un champ mal tenu donne de mauvais produits, qu'en semant de l'avoine, on est sûr de ne pas récolter de blé; qu'aussitôt les vieilles branches coupées aux arbres, il en repousse de jeunes; que le blé verse ici et ne verse point là-bas, et mille autres choses qui nous mèneraient loin; mais l'expérience ne nous donne pas de raisons.

— C'est très-vrai, Jean-Pierre, reprit M. Mathieu; c'est la science qui les donne. La pratique fait la bonne routine, la science fait le raisonnement; la pratique observe, la science explique; l'une n'a pas le droit de se moquer de l'autre. Sans la pratique, la théorie ne serait pas inventée; sans la théorie, la pratique n'avancerait pas.

— Ceci me paraît juste, dit Jean-Pierre; mais j'ai un reproche à faire aux savants: c'est de ne point rendre aux praticiens services pour services. La langue qu'ils parlent, c'est, sans mentir, de l'hébreu pour nous autres. Nous n'entendons rien à leurs phrases qui n'en finissent plus, à leurs mots qui ne sont pas de chez nous, à leurs gros livres qui coûtent plus que nous ne pouvons donner sans nous mettre dans la gêne.

— Tu as raison de te plaindre, Jean-Pierre. Il faut avoir fait ses classes pour comprendre ces messieurs, avoir du temps de reste pour lire des volumes qui ne tiendraient pas sur un rayon d'armoire, tant il y en a, et se trouver au-dessus de ses affaires pour les payer ce qu'ils valent en librairie. Malheureusement, nos cultivateurs n'ont pas fait leurs classes ailleurs qu'au village; ils n'ont guère le temps de lire et sont pauvres comme Job.

— Pourtant, reprit Jean-Pierre, j'ai entendu dire qu'on pouvait mettre de bonnes choses dans de tout petits livres, comme on met de bons onguents dans de tout petits pots, que la qualité valait mieux que la quantité, qu'un bon tailleur venait à bout d'habiller un bossu, et que, en s'y prenant bien, il n'est pas impossible à l'homme qui sait manier une plume de se faire comprendre même des gens qui ne savent pas lire.

— Impossible, non, interrompit M. Mathieu, mais c'est difficile. Tantôt, ceux qui écrivent pour les cultivateurs ne les connaissent pas assez; tantôt, l'amour-propre s'en mêle, et ils ne veulent pas écrire comme tout le monde parle, simplement et sans façon.

— Vous, monsieur Mathieu, qui nous connaissez comme si vous nous aviez faits, et qui n'entendez pas que nous perdions notre temps, expliquez-nous donc pendant les veillées ce que les savants ne savent pas nous expliquer.

— Volontiers, répondit M. Mathieu. Quand vous

comprendrez, vous me ferez signe de la tête; quand vous ne comprendrez pas, vous m'arrêterez court, et, alors, je ferai tant des pieds et des mains que je finirai peut-être par réussir.

— Allez toujours, fit Jean-Pierre; nous ne sommes pas en peine pour vous, monsieur Mathieu.

— Je commence par le commencement, reprit M. Mathieu. De même qu'un menuisier doit apprendre à connaître le bois avant d'apprendre à manier le rabot, de même aussi le cultivateur doit apprendre à connaître le sol avant de manier la charrue ou la bêche. Chacun, dans nos villages, sait un peu à quoi s'en tenir là-dessus et vous dira sans se tromper : « Voilà un sol ou un terrain qui n'a pas son pareil dans la commune; c'est une vraie terre à lin et à colza, ni trop froide ni trop brûlante, labourable en toutes saisons, par la pluie comme par le beau, et donnant des récoltes à faire plaisir. » Ou bien, il vous dira encore : « Voilà une terre froide et de difficile labour; voilà une terre marécageuse ou fangeuse; voilà une terre maigre, voilà une terre brûlante. » Le paysan sait cela par expérience; mais sortez-le de sa commune et menez-le à dix ou douze lieues de là, c'est un homme dérouté souvent, qui ne sait plus où donner de la tête et qui ne vous dira plus à première vue les qualités d'un sol et les défauts d'un autre. Pour s'orienter, vous le verrez consulter Jean, consulter Jacques. Si vous l'abandonnez à lui-même, si personne ne lui donne de conseils, il n'aura pas de confiance à la besogne; il hésitera, il tâtonnera, il essayera et ne fera pas de bonnes affaires les premières années, c'est-à-dire tant qu'il ne connaîtra pas, par expérience, le sol de l'endroit. Voyons, Jean-Pierre, cela est-il vrai, oui ou non?

— Oh, ça, oui, fit Jean-Pierre, c'est la pure vérité.

— Par conséquent, il y aurait de l'avantage à connaître tant soit peu les terrains en théorie, pour ne pas s'exposer à faire des écoles dans la pratique, comme font les trois quarts de ceux qui changent de résidence à fin de bail, qui vont de la plaine dans la montagne, de la Flandre dans le Morvan, par exemple.

— Certainement oui, répondit Jean-Pierre.

— Eh bien, mon garçon, disons deux mots de la chose, reprit M. Mathieu. Il y a des terrains de toutes les façons, d'aucuns d'une sorte, d'aucuns d'une autre sorte, comme il y a des fagots de tout bois. Nous les diviserons en quatre grandes classes : 1° terrains argileux; 2° terrains calcaires; 3° terrains siliceux; 4° terrains marécageux. Tous les autres ne sont, pour ainsi dire, que des variétés, des mélanges de ceux-ci. Il y a dedans un peu plus de cet ingrédient-ci ou un peu moins de cet ingrédient-là : voilà tout le mystère. C'est une question de doses.

Les chimistes, mon garçon, continua M. Mathieu, ont une manière à eux de reconnaître la nature des terrains et de retrouver, les uns après les autres, les ingrédients qui entrent dans la composition de chacun de ces terrains; mais les chimistes ne pavent pas les rues : ne l'est point qui veut d'ailleurs, car il en coûte gros d'argent pour le devenir. Pour découvrir tout ce qu'il y a de choses différentes dans une poignée de terre, il faut, sans mentir, avoir chez soi une vraie boutique d'apothicaire, avec les drogues, les fioles, les creusets, les outils en verre, les outils en porcelaine, les fourneaux, les entonnoirs, les tubes, le papier à filtre, des balances de cent écus, des choses à n'en plus finir. Mais, grâce à Dieu, nous pouvons nous passer de tout cela, attendu qu'il n'est pas absolument nécessaire de savoir, à quelques grammes près, ce que nos terrains renferment de telle ou telle substance. Nous pouvons nous contenter à moins. Il y a des signes auxquels le premier venu reconnaît facilement la nature d'un sol.

Une supposition, Jean-Pierre : — Voici une terre blanchâtre ou jaunâtre. Je gratte à douze ou quinze centimètres de profondeur. Je mets quelques pincées de cette terre dans le creux de ma main ; je la porte à mes lèvres ; je fais arriver dessus le souffle tiède de mon haleine et la sens tout de suite. Il en sort une odeur désagréable de terre glaise, je suppose. — Premier signe.

Je mets ensuite une pincée de cette même terre sur ma langue. Elle s'y colle comme de la pâte ; elle s'y attache plus ou moins fortement. — Second signe.

J'observe, après cela, que le champ, formé de cette terre, garde longtemps l'eau d'une forte pluie, qu'on ne peut y faire passer la charrue qu'au bout de huit jours, de quinze jours, souvent même de trois semaines, et que si la charrue y passe trop tôt, la tranche se lève tout d'une pièce, comme un ruban, presque sans se rompre. — Troisième signe.

J'observe aussi que les fers de charrue, qui servent à labourer cette terre-là, s'usent vite, s'amincissent et reluisent comme de l'acier poli. — Quatrième signe.

J'observe encore qu'en été, la terre en question se crevasse, se fendille beaucoup et que les mottes du champ sont dures comme de la pierre. — Cinquième signe.

J'observe que, dans les temps de sécheresse, cette terre jette plus de mauvaises herbes, beaucoup plus que les autres, et qu'en tout temps elle est plus difficile à travailler. — Sixième signe.

Enfin, si je verse du fort vinaigre dessus, j'observe que ma terre ne bout pas du tout ou ne bout guère. — Septième signe.

Alors, je me dis : — Assez d'expériences comme cela, j'ai affaire à une terre argileuse, c'est sûr, et je m'en tiens là. Avez-vous compris, vous autres ?

— Parfaitement, monsieur Mathieu, parfaitement, répondit Jean-Pierre. Pour lors, vous appelez terrains argileux ce que d'autres appellent terres fortes, terres grasses, eauxbues, herbues?

— Précisément. Vous en trouverez tant et plus dans la Bresse, le Perche, la vallée de la Saône, etc. Cependant, vous saurez qu'il y a des terres argileuses qui n'ont pas la moindre ressemblance avec celles dont je vous parlais tout à l'heure. Le schiste, par exemple, si commun en divers endroits, est plein d'argile qui ne sent rien, ne colle pas à la langue, ne garde pas l'eau et ne convient guère pour faire des briques. Pourquoi cela ? Les savants ne s'expliquent point là-dessus ; quant à moi, je me sens porté à croire que les montagnes schisteuses ont été formées par le feu comme le granit, que l'argile a été cuite par conséquent et a perdu ses propriétés originelles. C'est aujourd'hui une sorte de brique pilée.

— C'est bon à savoir, et l'on s'en souviendra, monsieur Mathieu.

— Passons maintenant à la seconde classe de terrains, continua M. Mathieu : — Voici, je suppose, une terre grisâtre, brunâtre, rougeâtre, peu importe la couleur, légère, tenant à peine en mottes, descendant des coteaux comme de la cendre, et d'un facile labour en toute saison.

L'eau des pluies ne séjourne pas dessus ; elle passe à travers ; elle s'en va comme d'un filtre. Jamais cette terre n'est trop mouillée, et, presque toujours, elle est trop sèche.

Si j'en mets dans un verre avec un filet de bon vinaigre, elle bout, elle siffle, elle s'emporte comme une soupe au lait, et l'écume se sauve par-dessus le bord du verre.

Si je veux y mettre la charrue, je n'ai pas besoin d'une longue file de chevaux pour la traîner : deux me suffisent, et un seul, quelquefois, fait la besogne sans trop s'essouffler.

Je m'en tiens à ces signes : j'ai affaire à un terrain calcaire, aussi sûr que je vous le dis, à savoir à un terrain en majeure partie formé de poussière de pierre à chaux, de pierre à bâtir, de marbre ou de craie. Si les terrains argileux sont réputés avec raison froids et humides, les terrains calcaires sont réputés, avec raison aussi, secs et quelquefois brûlants.

— Comprenez-vous toujours? demanda M. Mathieu.

— Certainement, monsieur Mathieu, nous comprenons. Et le moyen de ne pas comprendre? Un enfant de deux jours s'y retrouverait, répondit Jean-Pierre.

— Je continue donc et j'arrive d'un saut à la troisième classe de terrains, à ceux qu'on appelle siliceux. Ils sont secs aussi et brûlants, et pauvres à ne pas s'en faire une idée, à moins pourtant que des bruyères, des genêts ou d'autres herbes n'aient poussé et pourri dessus depuis des siècles, ou bien encore à moins que le climat ne soit naturellement pluvieux ou brumeux, ce qui est le cas pour le Morvan et le littoral. L'eau coule à travers, comme si on la versait dans un panier d'osier. Ils sont de toutes les couleurs, les uns d'un jaune rougeâtre, les autres noirâtres; il y en a de gris, il y en a de blancs.

Quand vous prenez de la terre siliceuse, celle de nos dunes ou des environs de Paris, et la frottez entre vos doigts, cela vous produit sur la peau l'effet du verre pilé très-fin.

Quand vous versez du fort vinaigre sur cette terre, vous ne remarquez pas d'ébullition. Il ne mord point dessus, parce que la chaux manque.

Quand vous en délayez dans un verre avec de l'eau et la remuez avec une baguette, la première substance qui se dépose au fond du verre, aussitôt que vous ne remuez plus, c'est la silice ou comme qui dirait de la poussière de pierre à fusil, de la poussière de sable de rivière, de la poussière de granit, de la poussière de grès, de la poussière de quartz ou de cailloux roulés.

Quand vous voyez pousser quelque part, et sans culture, des châtaigniers, des genêts et des bruyères, vous êtes sur un sol où il y a de la silice.

Un dernier mot maintenant sur les terrains marécageux. Tous tant que vous êtes ici, vous les distinguez aussi bien que moi. Les yeux bandés, vous les reconnaîtriez rien qu'à l'odeur de vase qui en sort; les yeux ouverts, vous les reconnaissez aux joncs, aux roseaux,

aux laîches, aux prêles et à d'autres mauvaises herbes qui poussent là-dessus, en veux-tu, en voilà. Il y a bel et bien du choix à faire dans ces terrains marécageux. Les uns vaudraient de l'or, si l'on avait de quoi les mettre en culture; les autres ne sont bons qu'à donner de la tourbe et des fièvres.

— Maintenant, mes amis, que vous connaissez les quatre grandes classes de terrains, je dois vous dire que les sols trop argileux, trop calcaires, trop siliceux et trop marécageux ne conviennent pas à la culture. Le plus habile de vous autres ne gagnerait pas, à les cultiver, de l'eau à boire. Terre trop argileuse n'est bonne qu'à fabriquer des pots, des briques, des tuiles, qu'à servir de terre à foulon et à faire des aires de grange. Terre trop calcaire n'est bonne qu'à rendre un pays triste et nu, comme l'est, en France, la Champagne pouilleuse, et, en Belgique, certaines crêtes des montagnes de la Famenne. Terre trop siliceuse n'est bonne qu'à sabler les allées ou à aveugler les gens, quand soufflent les rafales. Terre trop marécageuse n'est bonne qu'à fournir de la tourbe pour chauffer les pauvres gens, donner des cendres pour engrais et occasionner des maladies.

Ce n'est que mariées les unes avec les autres, calcaire avec argile, argile avec calcaire, silice avec terreau, terreau avec silice; ce n'est qu'en ôtant de l'eau d'où il y en a trop, en amenant de l'eau où il n'y en a pas assez, qu'on obtient des sols cultivables et de bon rapport.

Tantôt, c'est l'argile qui domine; tantôt, c'est le calcaire; tantôt, c'est la silice. Voilà ce qui varie la qualité de nos terres ici comme partout. Aux bons vins et aux bons fruits, les sols où le calcaire domine ; aux bons froments, les sols où l'argile a le dessus ; aux bons colzas et aux bonnes navettes, aux belles racines et aux belles avoines, les sols où la silice ne manque pas.

Un sol riche pour un vigneron est souvent pauvre pour un fermier ; un sol riche pour un fermier est souvent pauvre pour un vigneron. Essayez donc de faire pousser de superbes céréales où poussent les délicieux raisins de Chambertin, de Corton, du Clos de Vougeot, de Beaune, de Pommard et de Volnay, et vous m'en donnerez des nouvelles. Ce sont les variétés de terrains qui font les variétés de produits. Tel qui ne convient pas à certaine plante convient merveilleusement à certaine autre. A mon avis, il n'y a véritablement de sol pauvre que celui qui n'a pas de profondeur. Rivière profonde porte bateau, terre profonde porte récoltes.

A présent que nous avons dit des sols ce que nous avions à en dire, parlons, si vous le voulez bien, de ce qui est dessous, à savoir des sous-sols.

Ne vous fiez pas aux apparences, elles sont quelquefois trompeuses. N'achetez pas une maison qui vous paraît belle et solide, sans savoir ce que valent les fondations. N'achetez pas non plus une terre qui paye de mine et paraît bonne en dessus, sans savoir approchant ce que vaut le dessous. Le sous-sol est comme qui dirait le lit sur lequel est couchée la terre labourable. Tantôt c'est un lit d'argile, tantôt de rochers, tantôt de petits cailloux, ou bien encore de sable siliceux mouvant, ou de sable calcaire dur comme la pierre ou facile à entamer, ou bien, enfin, c'est un lit de marne calcaire.

Un sous-sol d'argile convient beaucoup à une terre sèche et brûlante, parce que, ne laissant point passer facilement l'eau qui lui arrive, il communique de sa fraîcheur aux racines des végétaux. Mais si ces racines tendent à pivoter à une grande profondeur, le sous-sol en question les arrête dans leur croissance, et les végétaux languissent et meurent. Les poiriers, la luzerne et la vigne, par exemple, ne s'accommodent pas d'un sous-sol argileux, parce qu'il est trop résistant, trop humide et qu'il manque d'air. C'est afin de lui en donner, qu'on recommande de le remuer profondément avec les charrues-taupes ou fouilleuses.

Les sous-sols de rochers, de cailloux et de sable dur gênent aussi beaucoup la croissance des racines pivotantes. Ils ont l'inconvénient d'appartenir à des terrains brûlants, pour la plupart, et de ne point garder l'eau des pluies. Une pente de rien, une déchirure, un trou, une fente, et l'eau s'en va, et l'eau s'y jette pour descendre je ne sais où. Cependant, dans les terres légères des climats humides, les sous-sols pierreux ont des avantages marqués. Ils forment un drainage naturel qui assainit et aère le terrain.

Un sous-sol de sable divisé ne retient pas l'eau non plus. Ce sous-sol est par conséquent plus avantageux aux terrains argileux qu'aux terrains calcaires. Avec des inondations d'eau boueuse qui dépose du limon, on peut espérer de donner de la consistance à ce sous-sol. Oui; mais cela n'est pas toujours faisable.

Enfin, un sous-sol de marne calcaire, c'est-à-dire un sous-sol formé d'un peu d'argile et de beaucoup de calcaire, est une véritable fortune pour les cultivateurs de terrains argileux et siliceux. Je vous dirai plus tard pourquoi.

Il y a des signes auxquels on reconnaît l'existence d'un sous-sol de marne calcaire. C'est, par exemple, quand il pousse dans les champs du yèble et des ronces traînantes. Vous connaissez les ronces, bien sûr, mais vous ne connaissez peut-être pas ce que l'on nomme yèble. C'est ce sureau des champs qui donne des fleurs blanches et des fruits noirs, comme le sureau de nos jardins et de nos haies.

Depuis longtemps, le yèble passe pour indiquer une bonne nature de terre, et, à ce sujet, il faut, mes amis, que je vous redise un conte vieux comme les rues et qui ne me semble pas avoir été inventé pour rien.

Un paysan avait un champ à vendre, probablement parce qu'il avait des dettes à payer. Un monsieur apprend cela et se dispose à acheter le champ. Mais, tant confiant soit-on, on n'achète pas volontiers chat en poche, ni marchandise sur l'étiquette du sac. Le monsieur donc voulut connaître le champ. C'était tout naturel: nous n'eussions pas fait autrement, nous autres. Malheureusement, il était aveugle, mais aveugle à n'y voir goutte en plein midi. — Alors, qu'allait-il faire aux champs? pensez-vous. Vous le saurez tout à l'heure. Le monsieur monte à cheval ; le domestique mène le cheval par la bride, et ils arrivent ainsi, au petit pas, sur le terrain dont la mise en vente était affichée à la porte de l'église. Une fois là, le domestique arrête le cheval; puis, le monsieur descend et dit : — Mon garçon, cherche par ici un pied de yèble pour attacher la bête autour. — Le domestique chercha de l'œil et finit par répondre à son maître qu'il ne voyait de pied de yèble nulle part.

— Dans ce cas, répliqua le monsieur, ce n'est point un champ à ma convenance.

— Saviez-vous ce conte-là, vous autres? demanda M. Mathieu.

— Nenni, ma foi, répondit Jean-Pierre; mais nous en ferons notre profit.

— A propos, monsieur Mathieu, voilà deux bonnes heures que nous vous laissons causer, Dieu me pardonne, reprit Nicolas, et m'est avis que c'est assez pour une fois. N'allez pas croire, au moins, que je dis cela pour vous désobliger. S'il ne s'agissait que de notre contentement, nous vous écouterions, sans souffler, jusqu'à minuit; mais je me mets à votre place, et je me dis que pour nous rendre service, vous faites là un métier à sécher la langue d'un avocat.

— Bien obligé de l'attention, Nicolas; c'est fini pour ce soir. A demain la continuation, si nous sommes de ce monde.

II

LABOURAGE ET ASSAINISSEMENT.

Le lendemain au soir, nos hommes étaient là, exacts au rendez-vous. Il faisait plus froid que la veille et, au dehors, la neige tombait serrée; les vieux toits de chaume en étaient blancs et les meules de paille aussi.

— Approchez-vous du feu, mes amis, approchez-vous donc, insista M. Mathieu... par le temps qu'il fait, un petit air de braise se supporte... Nous disons donc, Jean-Pierre, que c'est aujourd'hui la continuation de la causerie d'hier...

— Ma foi, monsieur Mathieu, si ça ne vous dérange pas trop, nous aurons de la joie à vous entendre. Quand on a l'âge de concevoir, comme nous autres, on profite bel et bien des bonnes choses que vous nous apprenez, et, en se couchant, après la veillée, on est content, la tête travaille, on se rappelle, on fait défiler la conversation dans sa mémoire, on réfléchit, on raisonne, et on est tout fier de se trouver moins bête après qu'avant.

— Pendant notre première veillée, commença M. Mathieu, nous avons causé des sols et des sous-sols, c'est-à-dire de ce qu'il faut d'abord pour faire de l'herbe, des arbres et des graines. La terre, c'est le garde-manger des végétaux. Si leurs feuilles demandent leur vie à l'air qui court, leurs racines ne jeûnent pas pour autant, et prennent dans la terre toutes sortes de denrées qui les font pousser, grandir et grossir. La terre, c'est le grand magasin des provisions du bon Dieu : il y a de tout dans ce magasin-là, du calcaire, de l'argile, de la silice, des herbes pourries, de l'eau, de la mine de fer, d'autres mines encore et toutes sortes de sels, de petites choses que nous ne distinguons pas avec nos yeux, que nous ne pouvons pas saisir avec nos mains, mais qui sont là pourtant, et que les plantes savent bien trouver et manger, quand elles sont de leur goût. Or, à présent que nous connaissons cela, que nous savons où sont les vivres, il ne faut pas croire qu'il suffit de semer les graines sur le terrain et de les laisser pousser à la grâce de Dieu. Non, avant de semer, il faut labourer toujours, et, quelquefois, assainir. Pas de bonne culture sans un bon labourage et un bon assainissement.

— Une supposition, continua M. Mathieu : Vous avez en cave ou au grenier, vous qui êtes ici, une provision de pommes de terre, de blé, de haricots, de lard, de beurre fondu ou de beurre salé. Est-ce que vous n'avez plus qu'à y mettre la dent? Est-ce que ces vivres-là n'ont pas besoin d'abord d'être pelés, épluchés, moulus, blutés, préparés, arrangés, mis au feu et assaisonnés?

— C'est certain, interrompit Jean-Pierre.

— Eh bien, répliqua M. Mathieu, les vivres des végétaux ont besoin aussi d'être préparés et assaisonnés. C'est pour cela que nous remuons la terre avec des bêches, avec des houes, avec des sarcloirs, avec des binettes, avec des herses, avec des charrues, avec toutes sortes d'outils. C'est pour cela que nous rompons la terre, que nous ramenons en haut ce qui était en bas, que nous cassons les mottes, que nous les émiettons de notre mieux, que nous divisons le sol, non pas une seule fois, mais deux fois, mais trois fois, avant d'y jeter le grain. L'air tombe là-dessus, le soleil aussi, l'électricité aussi; ils entrent tous les trois dans le terrain remué, se faufilent partout, cuisinent à leur manière, réchauffent, modifient, assaisonnent, font les choses ou les défont, comme le bon Dieu l'entend, et tout est dit. Après cela, les graines peuvent se présenter; il n'y a plus qu'à se baisser et à prendre. La table est servie, la soupe est dans les assiettes.

— Faites excuse si je vous coupe la parole, monsieur Mathieu, dit l'un des auditeurs; tout à l'heure, vous vous êtes servi d'un mot qui est trop fort pour nous autres. Qu'est-ce que vous appelez donc l'électricité?

— C'est, mon garçon, quelque chose d'invisible qui court dans l'air, dans la terre, dans notre corps, partout. Quand un orage vient, c'est l'électricité qui donne de la mauvaise humeur aux mouches à miel, aux mouches de nos maisons, qui s'en prennent à notre peau, aux taons qui s'en prennent à nos moutons et à nos chevaux qu'ils mordent au vif. C'est l'électricité de l'air qui nous donne des inquiétudes dans les jambes, dans les bras, qui réveille les vieilles douleurs, qui nous rend la tête lourde et nous agite quand il tonne; c'est elle qui allume des gaz dans l'air et fait les éclairs et la foudre; c'est elle qui fait tourner notre lait, casse les arbres, démolit les maisons, met le feu au chaume et tue les gens; c'est elle qui vous engourdit et vous picote le creux de la main, quand vous la frottez sur la peau d'un chat; c'est elle qui attire les barbes de plume, quand vous en approchez un bâton de cire d'Espagne ou de résine que vous venez de frotter vivement sur la laine de votre veste ou de votre pantalon; c'est elle, enfin, qui fait pousser l'herbe si vite après une pluie d'orage. Vous ne vous doutiez guère, ni les uns ni les autres, de faire un compliment à l'électricité, quand il vous est arrivé de dire : — S'il tonne en avril, le laboureur se réjouit et le vigneron prépare son baril. N'est-ce pas que vous ne vous en doutiez guère?

— Ah! c'est ça l'électricité! s'écria Nicolas d'un air ébahi. Bon, bon, cela suffit, monsieur Mathieu : nous y sommes à présent; grand merci de l'explication.

— Pour lors, je reviens au labourage; la chose en vaut la peine. Terrain bien labouré, terrain bien préparé: c'est convenu. Qui veut bien finir, doit bien commencer; qui veut bien cultiver, ne doit pas en mener large, car le terrain ne rend qu'en raison de ce qu'on lui prête. Pour un grattage de rien, une récolte de rien, ne l'oublions pas.

— On dit pourtant, monsieur Mathieu, fit observer Jean-Pierre, qu'il y a de l'inconvénient à labourer bas et plusieurs fois les terres légères. Ainsi, par exemple, dans les terres à bruyère, on assure qu'il y a plus de profit à semer après un seul labour qu'après plusieurs labours.

— Oui, répondit M. Mathieu, c'est vrai quand on ne fume pas tous les ans pour améliorer le terrain et qu'on ne le roule pas souvent pour le tasser; mais toutes les fois que vous aurez des terres légères, fumées régulièrement, tassées au rouleau à plusieurs reprises, ou piétinées par les moutons après les semailles, les labours au lieu d'être nuisibles, seront toujours utiles. Je continue:

Le meilleur labourage s'exécute à la bêche; vient ensuite celui qui s'exécute à la houe, et, en dernier lieu, le labourage à la charrue.

Avec la bêche vous êtes toujours sûr de faire de l'excellente besogne : vous remuez une couche profonde de terre; vous la retournez complétement, de manière à mettre dessus ce qui était en dessous et dessous ce qui était en dessus. Vous divisez admirablement votre terre, soit avec la secousse qui la retourne, soit avec le tranchant de l'outil, quand elle est retournée. Vous arrachez les mauvaises herbes à fond, et vous êtes sûr que, après cela, les bonnes graines lèveront bien et que leurs racines auront du large pour s'étendre et aller chercher leurs vivres. Plus les chemins sont faciles, plus vite nous arrivons; plus la terre est remuée, lorsqu'elle a de la consistance, plus les jeunes racines la parcourent facilement, et plus les plantes prospèrent. Un jardinier sans sa bêche, c'est un corps sans âme; la bêche est le premier des outils en agriculture.

— C'est vrai, monsieur Mathieu, dit Jean-Pierre; mais avec cet outil-là on ne retourne guère de terrain en une journée, et il ne ferait pas bon de s'en servir pour emblaver nos terres à blé et à seigle, qui vont quelquefois à perte de vue.

— Je ne soutiens pas le contraire, répondit M. Mathieu; mais je crois qu'un paysan gagnerait plus au travail à la bêche dans les forts terrains, qu'il ne gagnerait au travail d'une charrue à deux chevaux. La bêche rapporte à qui la manie; seulement, quand on la fait manier par d'autres à prix d'argent, elle ruine plutôt qu'elle n'enrichit.

— C'est aussi mon opinion, dit Jean-Pierre.

— Quant à la houe, c'est l'outil de labourage qui, après la bêche, vaut le mieux, à mon avis. D'aucuns appellent cet outil-là une pioche; peu importe, le nom ne fait rien à la chose. Dans les pays de plaine, où il y a peu ou point de pierres dans les champs, la houe est toute d'une pièce; dans les pays montagneux, pierreux, graveleux, on se sert de la houe à deux dents pour remuer le sol. Le travail fait à la houe est meilleur que le travail à la charrue, car il a plus de profondeur; mais dans l'un comme dans l'autre cas, le sol est incomplétement retourné. La bêche vous le prend et lui met, pour ainsi dire, les pieds en l'air et la tête en bas, tandis que la houe et la charrue ne font, pour ainsi dire aussi, que le jeter du flanc droit sur le flanc gauche. Vous allez me répondre peut-être que j'abuse de la comparaison, attendu que le sol n'a ni pieds, ni tête, ni flancs. Mais que voulez-vous, chacun se fait comprendre comme il peut, les muets avec leurs signes, ceux qui ne le sont pas, avec leur langue. Avez-vous compris?

– Parfaitement, monsieur Mathieu.

— Alors, je me moque du reste; le meilleur chemin est celui qui nous mène le mieux au but.

Il nous reste maintenant à parler de la charrue, ajouta-t-il, de la charrue qui est sans contredit l'instrument le plus nécessaire pour la grande culture. Chaque pays a sa charrue. Celle du Midi n'est pas celle du Nord; l'une n'a pas d'avant-train, l'autre en a un; celle-ci a les mancherons à la portée d'un enfant de douze ans; chez celle-là, ils se dressent en l'air et ne sont faits que pour des hommes. Mais toutes se ressemblent sous bien des rapports, et toutes ont leur mérite : c'est de coûter moins cher et de valoir quelquefois mieux que certaines charrues perfectionnées. Malheureusement, avec les charrues du pays, c'est un peu comme avec la loterie, au petit bonheur. Aujourd'hui vous en avez une bonne, demain vous en aurez une mauvaise. Les bons charrons ne sont pas communs et ne réussissent pas toujours.

— Vous n'êtes donc point partisan des charrues nouvelles, des charrues perfectionnées? demanda Jean-Pierre.

— Je n'ai pas dit cela, répondit M. Mathieu. Je suis pour ce qui est bon, vieux ou nouveau, peu m'importe. J'aime la charrue du pays, quand elle fonctionne bien et me revient à meilleur compte qu'une autre; ce qui ne m'empêche pas de tenir pour très-avantageuses les petites charrues Dombasle, que M. de Meixmoron fabrique à Nancy, les charrues Odeurs et d'Omalius que l'on vante avec raison dans toute la Belgique, et de blâmer fort les routiniers qui ne veulent pas s'en servir.

— On assure, fit remarqner Nicolas, que les petites charrues sans avant-train ne sont pas commodes à conduire.

— Oui, quand elles sont manquées : dans ce cas, il faut y renoncer; mais quand l'exécution est parfaite, c'est un apprentissage de huit jours à faire, pour savoir les régler et les diriger. Avec une charrue à roues, vous pesez sur les mancherons pour enferrer et vous les soulevez pour déferrer; avec l'autre, c'est le contraire : vous pesez dessus pour ôter du fer, vous soulevez pour en donner. C'est donc tout simplement un changement d'habitudes à obtenir. Les domestiques de ferme ne s'y prêtent pas volontiers, je le sais; mais avec quelques pièces de monnaie, à titre d'encouragement, on n'aurait pas de peine à lever la difficulté.

— Et le prix des charrues perfectionnées? demanda Jean-Pierre.

— C'est une autre affaire, répondit M. Mathieu. C'est bon, c'est solide, mais c'est plus cher que les anciennes : ça monte au prix de 75, de 80 francs et plus, et quand ça se dérange, il n'est pas facile de trouver partout des ouvriers qui sachent les remettre en état.

— Tant pis, c'est un gros inconvénient.

— C'est assez parler des charrues, reprit M. Mathieu, parlons maintenant du labourage qu'elles font. Il ne vaut ni celui de la bêche, ni celui de la houe, je vous l'ai déjà dit; mais le terrain y passe vite et le cultivateur en retourne large dans sa journée.

N'allez pas croire, mes amis, que bonne charrue fasse toujours et nécessairement bon labourage. Cela dépend du laboureur qui la dirige et aussi des bêtes qui la traînent.

Un laboureur qui, à l'approche des semailles, retournera de larges tranches de terre et creusera des raies profondes en sol argileux, fera de mauvaise besogne. Un laboureur qui, dans un sol calcaire ou sablonneux, léger, brûlant, mais bien fumé de longue date, retournera de minces tranches de terre et donnera seulement trois ou quatre pouces de fer, quand il pourrait aller plus bas, fera aussi de mauvaise besogne. La meilleure charrue du monde, enfin, ne donnera pas de bons résultats, si les chevaux de l'attelage vont par secousses, tantôt lentement, tantôt au trot. Ici, votre tranche de terre sera bien retournée, bien rompue; plus loin, la rapidité du tirage ne lui aura pas laissé le temps de se diviser, pour peu qu'elle soit argileuse. Les bœufs, qui tirent toujours avec ensemble et vont lentement, font donc un travail préférable à celui des chevaux.

— Pourquoi donc, demanda Jean-Pierre, y a-t-il de l'inconvénient à labourer profond et à prendre de larges tranches dans les sols argileux?

— Parce que, répondit M. Mathieu, on amène à la surface du champ un peu de terre vierge qui n'a encore vu ni l'air ni le soleil, et qui, par conséquent, n'est pas bonne à nourrir les plantes; parce que, d'autre part, les tranches trop épaisses ne laissent pas non plus pénétrer dans le sol la chaleur et l'air qui les bonifient et les préparent à fournir des récoltes. Si on faisait un pareil labourage avant l'hiver, en sorte que les neiges et les gelées passassent dessus, ce serait différent; mais à l'approche des semailles, il y a toutes pertes à attendre et nul profit. C'est pourquoi le laboureur qui entend son affaire, laboure assez bas pour la première façon des terrains argileux, avant l'hiver, moins bas pour la seconde, moins bas encore pour la troisième et la quatrième s'il va jusqu'à ce chiffre. Au moment des semailles, il pèle en quelque sorte le sol au lieu de le creuser.

— Pourquoi donc, demanda encore Jean-Pierre, y a-t-il de l'inconvénient à ne point labourer bas les terres légères et à retourner des tranches trop minces?

— Parce que, répondit M. Mathieu, si la couche de terre légère labourée est mince et trop divisée, la chaleur du soleil qui entre dedans jusqu'au fond, la dessèche, la brûle, la grille, lui enlève toute son humidité ainsi que tous les engrais animaux qui peuvent s'y rencontrer. Voulez-vous épuiser une terre légère? ne faites que l'écorcer au moment des grandes sécheresses et ne la roulez pas. Quand, au contraire, vous la labourez profondément, sans beaucoup la diviser, sans beaucoup l'émietter, cette terre boit la rosée des nuits d'été et se rafraîchit.

— Moi, fit Jean-Pierre, j'avais cru jusqu'à présent le contraire.

— Moi aussi, dit M. Mathieu, je l'ai cru longtemps; mais un jour de l'année 1845, comme il y avait rassemblement des principaux vignerons de France à Dijon; comme ces messieurs tenaient leur congrès, pour me servir d'un de leurs mots, l'un d'eux, qui était des pays chauds, du côté d'Avignon ou de plus loin, fit aux vignerons de la Côte-d'Or la question que voici : — Dites donc, confrères, comment se fait-il que chez vous les cultivateurs osent à peine gratter la terre de leurs vignes en été?

— Parbleu, répondirent les vignerons de la Côte-d'Or, c'est tout simple à concevoir : ils craignent que le soleil ne brûle les racines des ceps. — Eh bien, chez nous autres, répliquèrent ceux du Midi, c'est pour fournir de la fraîcheur à ces même racines, que nos cultivateurs donnent de bonnes façons à leurs vignes. Et il fait pourtant plus chaud de l'autre côté d'Avignon qu'ici.

C'est depuis ce jour-là que j'ai changé d'avis.

— Maintenant, monsieur Mathieu, reprit Jean-Pierre, si ce n'était pas abuser de votre complaisance, je vous demanderais ce que vous pensez de la forme et de la largeur des champs ou billons, comme disent les gens qui connaissent leur langue à fond?

— Je pense, mon garçon, que dans les terrains froids, humides, argileux, marécageux, les billons en ados valent mieux que les billons plats et que ceux qui sont étroits valent mieux que ceux qui sont larges. C'est rendre service aux terrains non drainés, qui craignent l'eau, que de donner de la pente aux champs et de leur fournir une quantité de rigoles pour donner passage à l'air et à la chaleur qui ressuieront la surface.

— Et quant aux terrains secs? demanda de nouveau Jean-Pierre.

— C'est différent, répondit M. Mathieu : ici, point de pente aux billons; il ne faut pas que l'eau s'en aille; il faut au contraire qu'elle reste. Point de petits billons dans les contrées chaudes, car ici nous n'avons pas besoin de raies, de rigoles d'écoulement. Aussi, larges billons et billons plats, voilà ce qui convient aux terrains secs, attendu que tout ce qui peut leur enlever un peu de fraîcheur leur est nuisible. Ce que je vous dis là me rappelle un mauvais conseil que l'on donne trop souvent aux cultivateurs des pauvres terrains pierreux de certaines montagnes de la France. Il y a de ces terrains calcaires à seigle qui font pitié à voir. Ils sont entièrement couverts de pierraille blanche et menue, qui laisse néanmoins passer la charrue et les brins d'herbe et que l'on cultive aussi régulièrement que si c'étaient des terrains à chanvre. « Épierrez, épierrez, recommandent d'aucuns, et vous vous en trouverez bien. » Moi, je réponds : « N'épierrez pas trop, n'épierrez pas trop, car vous vous en trouveriez mal. »

Et, en effet, ces champs si pauvres et si désolés ne produiraient pas un brin d'herbe sans le secours de cette pierraille blanche ou grise qui réfléchit les rayons du soleil et garde à la terre une petite provision d'humidité.

— Faites excuse, s'il vous plaît, monsieur Mathieu, interrompit Nicolas : — Qu'est-ce que vous entendez donc par réfléchir les rayons du soleil?

— Voici la chose en deux mots, mon garçon : — Il y a des objets qui ne veulent pas laisser passer les rayons du soleil et les renvoient en l'air, tandis qu'il y en a d'autres qui les reçoivent et ne les renvoient pas. Les couleurs blanches ou claires n'en veulent point, les rejettent, les réfléchissent, et c'est si vrai, qu'il ne fait pas bon regarder un mur blanchi à neuf, ni promener ses guêtres sur une route à poussière blanche, quand le soleil donne d'aplomb, au mois de juillet ou au mois d'août, par exemple. Le mur et la route vous renvoient des rayons à vous crever les yeux. Cela est si vrai encore, que les étoffes les plus fraîches sont précisément celles de couleur blanche ou de couleur tendre.

Les couleurs foncées, au contraire, reçoivent les rayons du soleil, les gardent, ne les rejettent point comme les précédentes ; et cela est si vrai, que les couleurs foncées ne vous fatiguent pas la vue et que les étoffes noires ou brunes sont insupportables en été et très-recherchées en hiver.

Voilà pourquoi, Nicolas, la pierraille blanche vaut mieux sur un champ trop sec que la pierraille noire, la première s'échauffant moins vite que la seconde; voilà pourquoi aussi les engrais foncés en couleur conviennent beaucoup aux terres froides et les engrais clairs aux terres brûlantes. Rien, par exemple, n'échauffe la terre comme un lit de poussier de charbon de bois.

— Voilà pourtant, s'écria Nicolas, de ces choses que nous savions en partie par expérience et que pas un de nous ne s'expliquait!

Mais permettez une observation : — Je comprends que les petits billons ne conviennent pas aux terres légères des contrées sèches. Je trouve vos raisons parfaitement justes; seulement, je me demande si le même inconvénient serait à craindre dans les terres légères des pays élevés, froids et humides.

— Assurément non, que la terre soit légère ou non, toutes les fois que le climat est pluvieux et froid, il faut pratiquer des rigoles très-rapprochées et les nettoyer souvent. — C'est aussi ce que je me disais.

— Je commence à me sentir fatigué, reprit M. Mathieu ; je finirai donc par un mot sur les assainissements.

Assainir un terrain, c'est l'améliorer en lui donnant de l'air en dessous et en ôtant une partie de l'eau qui le refroidit et l'empêche de produire tout ce qu'il pourrait porter. On doit irriguer les terrains secs ; on doit assainir les terrains argileux et marécageux. Mais, quant à ces derniers, ce n'est pas une mince affaire. Il faut pour cela beaucoup de bras et beaucoup d'argent ; il n'y a que des compagnies, des associations ou des gouvernements qui puissent en venir à bout. Pour les terrains argileux, c'est plus aisé et moins coûteux.

Il y a plusieurs moyens d'assainir un sol, et ces

moyens sont : 1° les rigoles; 2° les fossés ou tranchées ouvertes; 3° les tranchées couvertes; 4° ce que les Anglais ont baptisé du nom de *drainage*.

Vous savez tous ce que l'on entend par rigoles et par fossés; je n'ai par conséquent rien à vous apprendre là-dessus. Arrivons tout de suite aux tranchées couvertes. Vous voulez, je suppose, assainir votre champ et ne point perdre de terrain pour autant. Vous creusez un fossé, en ayant soin de ménager une légère pente; puis vous jetez dedans des pierres, des briques cassées, les plus grosses en dessous et le menu à mesure que le fossé va se comblant. Sur ces matériaux, vous retournez des gazons avec soin, et sur les gazons, vous ramenez de 20 à 25 centimètres de terre labourable pour combler le fossé. — Quelquefois, à défaut de moellons, de pierres, de briques, on place des fagots de bois dans la tranchée, ou des genêts, ou de la paille; d'autres fois, enfin, on forme un aqueduc au moyen de pierres plates. Voilà ce que Mathieu de Dombasle a appelé les tranchées couvertes et ce qu'ailleurs on nomme des fossés couverts, ce qui revient au même. L'eau qui suinte de la terre s'en va par ces fossés, ruisselle parmi les pierres ou les fagots, et le champ s'égoutte et s'assainit.

Notez, en outre, que des courants d'air s'établissent, circulent dans la terre, y font du nitre et rendent de grands services à la végétation.

Le drainage des Anglais, c'est l'assainissement raffiné. Ils creusent une rigole, et ils placent dans cette rigole, bout à bout, des tuyaux en terre cuite, dont les morceaux s'ajustent mal et laissent passer par les jointures l'eau qui descend, goutte à goutte, du sol que l'on veut assainir. Quelquefois même le point où s'emmanchent l'un dans l'autre les tuyaux de drainage, est enveloppé d'un troisième tuyau de 25 ou 30 centimètres de largeur, qui forme manchon.

— L'opération du drainage, demanda Jean-Pierre, est-elle plus coûteuse que l'ouverture des tranchées ordinaires?

— Cela dépend des pays, tantôt oui, tantôt non, répondit M. Mathieu.

— Bien obligé, dit Jean-Pierre. L'aiguille tourne vite sans que ça paraisse... dix heures vont sonner, il est temps de souhaiter le bonsoir à monsieur Mathieu et d'aller voir, de notre côté, si la neige tombe toujours.

— A demain soir, n'est-ce pas?

— Ce n'est point de refus, si ça ne vous fatigue pas, monsieur Mathieu.

III

COMME QUOI IL FAUT RENDRE A LA TERRE CE QU'ELLE NOUS PRÊTE.

Même temps, même bise, même neige que la veille, temps à courir le sanglier, bise à fendre des pierres, neige à prendre les moineaux et les verdiers par douzaines avec de vieilles portes et du menu grain.

— A la bonne heure, commença M. Mathieu, voici une saison qui s'annonce bien. Dix-huit pouces de couverture blanche sur nos emblaves, douze degrés de froid là-dessus; s'il ne vient point de contre-temps mal à propos, les insectes auront fort à souffrir cet hiver. Les musaraignes boiront plus qu'à leur soif au moment du dégel, les taupes et les mulots aussi, sans compter des centaines d'autres bêtes qui logent sous terre, vivent dessus et font plus de mal que de bien où elles passent.

— Et notez encore, monsieur Mathieu, fit observer Jean-Pierre, que la gelée divise le sol et défait les mottes, et que les mottes ainsi défaites rechaussent les racines des plantes déchaussées. Et notez, d'autre part, que neige qui dure empêche le sol de se refroidir et vaut une toute petite fumure. Quand ça tombe de là-haut, au dire des gens qui s'y entendent, ça fait dans l'air l'effet des blancs d'œufs dans le vin. Les flocons, qui descendent serrés, ramassent toutes sortes de choses malpropres, et vous savez que l'on peut, en fait de culture, dire, touchant les choses malpropres, ce que l'on dit en médecine touchant les amers : — Mauvais à la bouche, mais bon au corps.

— C'est vrai, Jean-Pierre, répondit M. Mathieu ; mais tâchons de ne pas aller plus vite que le violon et de mettre un peu d'ordre dans notre enseignement. Avant-hier et hier, nous avons vu que, pour être ensemençables, les terrains avaient besoin de tels ou tels ingrédients, et aussi d'un bon labourage et d'un bon assainissement dans certains cas. Maintenant, supposons que les terrains en question n'aient jamais été ensemencés de main d'homme et qu'il n'ait poussé là-dessus, de toute éternité, que de mauvaises herbes, verdoyant en mai, portant graines en juillet, mourant en automne et pourrissant en hiver, nous n'aurons pas la peine d'aller chercher midi à quatorze heures pour les mettre en culture. Nous les défoncerons, les défricherons, les labourerons, les ensemencerons. Et puis, avec un coup de herse pour recouvrir la graine et un tour de rouleau pour tasser un peu la terre, s'il en est besoin, la besogne sera finie. L'air et le soleil aidant, la graine germera, l'herbe poindra, la fleur passera en sa saison, et, le moment venu, nous y mettrons la faucille ou la faux.

Jusqu'ici, tout va bien, continua M. Mathieu ; mais, les années d'après, en serons-nous quittes à si bon marché avec les mêmes terrains ? Assurément non. Pour nourrir la paille et le grain, que nous aurons fauché, moissonné, mis en meules ou mis en grange, le sol aura fait des frais ; il aura donné de ses richesses, diminué ses provisions ; il se sera appauvri tant soit peu. Autrefois, ce que le sol prêtait aux mauvaises herbes poussant sans culture, les mauvaises herbes le lui rendaient en pourrissant sur lui ; ou bien, si les troupeaux y paissaient, ils ne s'en retournaient pas à l'étable sans rendre à la terre, sous forme d'urine et d'excréments, ce qu'ils lui avaient enlevé sous forme d'herbe. Le cultivateur ne récoltait rien, n'emportait rien ; mais une fois que la charrue a défriché, c'est une autre affaire. Le cultivateur qui emporte les gerbes, emporte nécessairement une partie des vivres qui se trouvaient dans le sol ; et s'il continue ainsi plusieurs années de suite, le garde-manger s'épuise, le sol se ruine petit à petit, et un jour vient où il n'a plus de quoi nourrir la semence qu'on lui confie. La terre ne donne pas, elle prête. Si vous ne lui rendez pas les vivres qu'elle avance pour la nourriture des plantes, tant pis pour elle et tant pis pour vous : vous devenez misérables tous deux et vous ruinez du même coup.

Voyez plutôt comme le bon Dieu s'y prend. Un gland, une amande, un pepin tombent sur le sol, y germent et y prennent racine. Pendant huit ou neuf mois de l'année, la terre prête aux petits arbres, qui poussent, son eau, ses sels, ses vivres, sa substance. C'est bien. L'automne arrive avec les gelées blanches et les coups de vent. Que font nos petits arbres en question ? Ils se dépouillent de leurs feuilles jaunies, les laissent tomber à leurs pieds, et là, ces feuilles pourrissent et retournent à la terre en qualité d'engrais. La terre a prêté au printemps, on lui rend la chose en automne. Les bons comptes font les bons amis. Est-ce que les arbres des forêts pousseraient comme ils poussent, s'ils empruntaient toujours et ne rendaient jamais ?

— Je crois même, fit remarquer Jean-Pierre, que les arbres des bois et les herbes des friches rendent au sol plus qu'ils ne lui empruntent, car où les arbres et les mauvaises herbes ont poussé des centaines d'années, ceux qui défrichent font venir de riches avoines plusieurs fois de suite sans y mettre de fumier.

— Tu as raison, Jean-Pierre, les végétaux remboursent souvent avec intérêt. Ils rendent au sol ce qu'ils en ont reçu, plus un-peu de ce qu'ils ont reçu de l'air, car note bien qu'ils vivent aussi comme nous autres de l'air qui court. Qui respire vit.

Ainsi donc, continua M. Mathieu, il est bien entendu que toute terre qui ne rentre pas dans ses débour-sés est une terre qui s'appauvrit, et que tout cultivateur qui n'entend pas raison sur ce point est un mauvais cultivateur. Je cultive un arbre, je dois à cet arbre qui me donne ses fruits, une bonne partie de ses feuilles au moins. Je cultive du froment qui me donne son grain, je dois au sol qui en portera de nouveau, une bonne partie de sa paille pourrie et l'engrais de ceux qui ont mangé le pain. Je cultive de la vigne pour presser et boire le jus de sa grappe, je dois au vignoble les feuilles du cep et le marc du raisin et les cendres des souches. Je cultive l'olivier pour son fruit, je lui dois de même ses feuilles et son marc. Je cultive le chanvre, je dois de même à la terre qui le produit, ses feuilles battues, ses débris, le marc de la pressée d'huile et les boues du routoir. Et ainsi pour tous les végétaux. Je suis persuadé qu'il n'y a pas de meilleure nourriture pour une plante que ses propres débris : feuilles mortes, pailles pourries, résidus quelconques.

— Vous pourriez bien avoir raison, monsieur Mathieu, s'écria Nicolas ; mais que voulez-vous, quand on ne sait, on ne sait, et, la plupart du temps, nous faisons les choses comme les corneilles abattent les noix, à tort et à travers.

— Nous tournons comme qui dirait dans un cercle, reprit M. Mathieu. La terre produit les végétaux, et les reprend morts et pourris sur une friche pour en reproduire d'autres. Si, au lieu d'avoir affaire à une friche, nous avons affaire à une terre cultivée à bras d'homme, les bêtes et les gens profitent de la récolte, la mangent, ou l'emploient en litière ; puis ils vous rendent en urine, excréments, fumier, ce qui doit retourner au sol qui leur a fourni leur nourriture. Tout animal, homme ou bête, fume autant de terrain qu'il lui en faut pour produire les végétaux nécessaires à sa subsistance. La terre donne les végétaux, les végétaux nourrissent les animaux, et les animaux, après avoir rendu en fumier, au sol, une portion de ce que celui-ci leur a avancé, finissent par lui rendre le tout, chair, os, poils, cornes, sang et le reste. Il pousse là-dessus de nouvelles plantes qui donnent de nouvelles bêtes, et quand le tour du cercle est parcouru, nous recommençons la même promenade, et toujours et sans discontinuer.

Toute la théorie des engrais est là-dedans.

La terre prête, le cultivateur est tenu de rendre; comment doit-il s'y prendre pour faire la restitution? C'est ce que nous allons voir.

Sur le terrain qui a fourni sa substance aux plantes, on peut rapporter du terrain de même nature, n'ayant encore rien fourni.

Si les plantes, venues sur le terrain n'ont pas été récoltées, on les retourne avec la charrue. C'est la fumure en vert.

On peut ne pas retourner les plantes avec la charrue, les laisser mourir et pourrir sur place, et donner ainsi à la terre le temps de se reposer, de se rembourser de ses dépenses et de refaire ses forces. C'est la friche.

On peut, au fur et à mesure que les herbes paraissent, les mettre en terre par le moyen de labours fréquents. C'est la jachère.

Si les plantes ont été mangées par l'homme ou par les animaux, on rend au terrain les excréments et les urines de l'homme ou des animaux.

Si les plantes sèches ont servi à faire de la litière, on les rend à l'état de fumier.

Si les plantes ont été brûlées, on rend au terrain les cendres qu'elles ont fournies.

Si les plantes ont servi à des opérations industrielles, on rend au terrain les résidus de ces opérations, tels que tourteaux, marc de raisin, pulpe, eaux de féculeries, résidus de brasseries, etc,

En somme, la restitution se fait ordinairement sous

forme de terres rapportées, sous forme de végétaux enfouis en vert, sous forme de friches, de jachère, sous forme d'urines et d'excréments, sous forme de fumier, sous forme de cendres, et enfin sous forme de résidus quelconques.

— Sans doute, continua M. Mathieu, il y a encore d'autres manières de restituer au sol ce qu'il prête aux végétaux, mais c'est l'exception. Je sais bien qu'on peut lui rendre la laine des moutons, quand les chiffons ne servent plus à rien, le sang, la chair, les os, les poils, les ongles des animaux morts de maladie; mais, encore une fois, c'est l'exception; ce n'est pas avec cela qu'on se tire d'affaire dans une ferme. Et, d'ailleurs, quand le moment sera venu d'en parler, nous en parlerons.

— Ce que vous nous expliquez, monsieur Mathieu, dit Jean-Pierre, me paraît clair et simple comme bonjour. J'emprunte, je profite du prêt; je rends ensuite, car, autrement, je ne trouverais plus mon prêteur dans de bonnes dispositions à mon égard. Tout ceci est convenu, arrêté. Voilà ce que je sais bien; mais ce que je ne sais pas au juste, c'est le moment qu'il me faudra choisir pour acquitter ma dette envers la terre. Tenez, monsieur Mathieu, pour être plus clair et sans vous commander, je vous demanderai si toutes les saisons sont bonnes pour fumer la terre, ou, si, pour cela, le printemps vaut mieux que l'automne ou l'automne mieux que le printemps?

— Bravo! Jean-Pierre, voici une question bien posée. J'y réponds sans tourner autour.

— Vous êtes bien honnête, monsieur Mathieu.

— Dis donc, Jean-Pierre, quand tu sues toute l'eau de ton pauvre corps à remuer ton champ à une lieue d'ici, tu pries Dieu que la cloche de la paroisse sonne l'heure du dîner, n'est-ce-pas?

— C'est vrai.

— Eh bien! pour arriver à midi juste, au bout du champ, à quelle heure faut-il que ta femme prenne le panier et sorte du logis?

— A onze heures au plus tard, et il ne faut pas qu'elle s'amuse en route.

— Et si elle partait deux heures plus tôt? demanda M. Mathieu.

— Ma foi, monsieur, elle arriverait avant que l'appétit fût ouvert.

— Et si elle partait deux heures plus tard?

— Elle arriverait au moment de la fringale; et quand on a ses habitudes, la machine se dérange et fonctionne de travers, aussitôt qu'on les change. Si je ne mange pas quand l'appétit commande, au diable tout! il n'y a plus d'homme, plus de Jean-Pierre.

— Eh bien! mon garçon, reprit M. Mathieu, les végétaux sont comme les gens. Il faut arriver au moment où ils ont faim, calculer les distances et l'état des chemins pour arriver à l'heure. Or, l'heure de la faim, chez eux, sonne quand la séve s'apprête à courir sous l'écorce, quand les boutons vont pousser, les fleurs s'ouvrir et les feuilles se dérouler. L'heure de la faim sonne quand le grain germe et s'ouvre, quand les brins commencent à sortir de terre, quand l'herbe, rembrunie par l'hiver, reprend son teint clair des premiers jours et sa transparence qui égaye l'œil. Il faut donc qu'à ce moment-là les racines des végétaux aient des vivres à sucer et que, par conséquent, les engrais donnés à la terre aient eu le temps d'arriver à la portée des racines en question pour favoriser la pousse.

Les racines sont-elles très-profondes en bonne terre, mettez l'engrais en novembre ou décembre. Sont-elles à 25 ou 30 centimètres seulement de la surface du sol, mettez l'engrais en janvier et février. Sont-elles traçantes et presque à fleur de terre, mettez l'engrais sept ou huit jours seulement avant la pousse, soit qu'il s'agisse des prés, des regains, des semailles d'été, des semailles d'automne et des semailles de printemps.

Toute la question se réduit à ceci: S'arranger de façon que les sels de l'engrais partent de la surface du sol à temps pour arriver aux racines au moment où elles ont faim. Pour celles qui sont bas en terre, il faut partir tôt; pour les autres, au contraire, il faut moins se hâter. Je veux faire deux lieues et arriver à midi, je quitte le logis à dix heures; je n'ai qu'une demi-lieue à parcourir, je ne quitte le logis qu'à onze heures et demie.

Si je fume trop tôt mes végétaux à racines traçantes, les sels de l'engrais descendront trop bas et seront perdus pour les racines. Si je fume trop tard mes végétaux à racines pivotantes, les sels de l'engrais n'arriveront pas à destination au moment de la pousse et je provoquerai une pousse tardive, et j'aurai de nouvelles feuilles et de nouvelles fleurs au moment où je n'en aurai plus besoin.

Il est inutile de vous dire que dans les terres sablonneuses légères, où les engrais descendent vite, il n'est pas nécessaire de s'y prendre aussi longtemps d'avance que dans les terrains riches et serrés.

Voyez, mes amis, ce qui se passe autour de nous, et suivez les leçons que vous donne le grand Maître qui a créé toutes choses. Les végétaux à racines profondes, tels que la plupart des arbres, se débarrassent de leurs feuilles en automne, parce qu'il faut à ces feuilles le temps de se changer en fumier et de descendre loin en terre. Les végétaux dont les racines sont, au contraire, à fleur de terre, gardent leurs feuilles pendant l'hiver et ne s'en débarrassent que peu à peu au printemps, en même temps que le nouveau feuillage repousse. Il y a une famille, celle des pins, des sapins, des thuyas, des ifs, des cyprès, etc., dont tous les arbres gardent leurs feuilles en hiver, à l'exception d'un seul, le mélèze. C'est que le mélèze, est le seul aussi de tous les arbres de cette famille qui ait des racines profondes.

— A présent que je vous ai exposé ma théorie, continua M. Mathieu, voici comment je me tirerais d'affaire en pratique.

En mars, vers le milieu ou vers la fin, je donnerais à mes prairies naturelles, ou du fumier noir, passé, usé, ou, ce qui vaudrait mieux encore, de la suie et des cendres de bois avec quelques poignées de plâtre en poudre dedans. A la même époque, je donnerais aussi une légère fumure à mes céréales d'hiver, quoique fumées déjà au moment des semailles, peu de jours avant la levée des graines. Dans ce cas-ci, nous avons deux pousses, l'une avant l'hiver, et celle du réveil au printemps. Nous devons donc, si nous le pouvons, donner la fumure en deux fois : quelques jours avant la germination, et après les froids, au moment où la végétation va repartir. C'est là, d'ailleurs, ce que de bons cultivateurs pratiquent dans les Flandres belges.

Au commencement de juillet, sept ou huit jours après l'enlèvement des foins, si je voulais avoir un regain, je fumerais de nouveau mes prés, en ayant soin toutefois de ne pas me servir d'engrais puants, car l'herbe sent son fumier, et lorsque le fumier a une mauvaise odeur, les bêtes rebutent l'herbe qui en sort.

En octobre et novembre, je donnerais de l'engrais à mes luzernières, de l'eau de fumier, par exemple, attendu que pour arriver au bout des racines de la luzerne la route à parcourir est longue.

En novembre et décembre, je donnerais de l'engrais à mes poiriers et à mes vignes, attendu que les racines des poiriers et des ceps descendent bas dans le sol.

En décembre et janvier, je fumerais mes pommiers, attendu que les racines sont moins profondes que celles des poiriers.

Vers la fin de février, je fumerais les choux de Milan, les choux rouges et les choux d'York de mon jardin, déjà fumés en automne au moment du repiquage.

— Ces exemples doivent vous suffire, n'est-ce pas, Jean-Pierre ? demanda M. Mathieu.

— Parfaitement, monsieur Mathieu, des enfants comprendraient, et, à plus forte raison, des hommes. Mais une chose me trotte par la tête, une chose dont vous ne parlez pas ; la voici : Est-ce que les plantes mangent toutes les mêmes engrais avec le même appétit et le même profit ? Je vous demande cela, monsieur Mathieu, parce que chez nous autres, on a l'habitude de prendre dans le même tas la nourriture pour tout ce qu'on sème et tout ce qu'on plante.

— Dis-donc, Jean-Pierre, répondit M. Mathieu, est-ce que les loups, les sangliers et les écureuils, qui vivent pourtant dans les bois, les uns et les autres, vivent tous du même régime ?

— Non, bien sûr, les loups vivent de chair, les sangliers de glands, et les écureuils de noisettes, quand il y en a.

— Alors, pourquoi voudrais-tu que les plantes qui viennent sur la terre vécussent toutes des mêmes vivres ? C'est ce qui n'a pas lieu, mon garçon. Il y a des plantes qui se régalent d'une chose, qui en rebutent une autre, qui gagnent à manger d'un engrais, qui perdent à manger d'un autre engrais. La nourriture fait la qualité d'une plante, d'un fruit, d'une graine, comme elle fait la qualité d'un oiseau ou d'une bête à quatre pattes. Les grives qui mangent des baies de genévrier valent mieux que celles qui n'en mangent pas ; les lièvres qui mangent des herbes de montagne valent mieux que les lièvres qui vivent des herbes de la plaine ; le lapin qui n'a mangé que du chou ne vaut pas le lapin qui a mangé un peu de persil ; le cochon qui a été nourri d'orge et de pommes de terre donne de l'excellent lard, tandis que celui qui a été nourri avec des tourteaux d'huilier et de la chair de cheval, donne du lard détestable ; enfin, il n'est pas jusqu'aux œufs des poules de nos montagnes calcaires, qui ne soient meilleurs et n'aient le jaune plus foncé que les œufs des poules de la plaine, à cause de la différence de nourriture.

Or, ce qui est vrai pour les bêtes est vrai aussi pour les plantes. La qualité des fleurs, des fruits, des feuilles, des graines, des tiges, varie selon l'engrais, selon la fumure. On ne tient pas assez compte de cela, vois-tu, Jean-Pierre ; on pousse trop à la production, trop au volume, trop à la grosseur, et l'on gâte ainsi les meilleures denrées. Selon moi, il y a toujours de l'inconvénient à forcer la nature. Ça rapporte plus d'argent, dit-on, qu'en ne la forçant pas. C'est possible, mais ça rapporte peut-être aussi les maladies de la vigne, des pommes de terre, des betteraves, des rutabagas, etc. Et d'ailleurs, ce rapport-là n'aura qu'un temps. Le monde finira par y voir clair et par distinguer le bon du mauvais. Aujourd'hui déjà, les gens de Paris aiment mieux les légumes qui arrivent de 15 à 20 lieues par les chemins de fer que ceux de sa banlieue, qui, en général pourtant, flattent l'œil davantage. Est-ce que nous ne savons pas, nous autres, que la farine des blés de jachère est plus savoureuse que celle des blés des contrées où il n'y a point de jachères? Est-ce que nous ne connaissons pas la supériorité des blés nourris avec des cendres et du fumier de vache sur les blés nourris avec de la poudrette et du fumier de mouton ? Est-ce que nous ne préférons pas les fruits venus naturellement aux fruits fumés avec des excréments d'homme ? Et, à ce propos, il faut que je vous conte une petite anecdote : Un jour que j'étais allé visiter de beaux pêchers aux environs de Paris, je disais au cultivateur qui les possède : « — Je crois, Dieu me pardonne, que vous jouissez de votre reste ; les chemins de fer vous couperont le cou ; nos cultivateurs de province ne tarderont pas à expédier sur Paris des pêches meilleures que les vôtres. — Oh ! que non, me répondit-il, j'ai encore vingt années devant moi ; on tient plus à l'apparence qu'à la saveur. — Je crois, lui dis-je aussi, que vous avez tort de trop pousser en fumure. — Non, répliqua-t-il, j'y gagne en grosseur. — Allons, allons, repris-je en souriant, vous ne me persuaderez jamais que des pêches qui vivent de poudrette valent des pêches qui vivent de cendres ou de feuilles pourries avec un peu de chaux. — Je le sais bien, avoua-t-il enfin, mais ce n'est ni vous ni moi qui les mangeons, celles qui ne valent rien. Elles sont faites pour produire de l'effet sur les grandes tables. »

C'est ainsi, mes amis, que l'on compromet une industrie; c'est ainsi qu'on a compromis en différents endroits l'industrie des vins fins, et l'on en compromettra d'autres encore. Mais avec l'instruction, les abus finiront peut-être.

Demain, si mes leçons continuent à vous intéresser, nous étudierons en détail les engrais de toutes sortes et l'application de chacun d'eux.

— Grand merci, monsieur Mathieu.

— Il n'y a pas de quoi, mes amis. Il en coûte si peu d'apprendre aux autres ce que l'on sait, et le temps passe si vite quand on l'emploie utilement, qu'il n'y a pas grand mérite pour moi à faire ce que je fais pour vous.

IV

DES DIFFÉRENTS ENGRAIS.

Engrais terreux.

Les leçons données chaque soir par M. Mathieu commençaient à faire du bruit dans le village. Ceux qui les avaient suivies en parlaient à tout venant et à tout propos, si bien que beaucoup de ceux qui en avaient ri d'abord, voulurent être de la quatrième veillée. La cuisine de M. Mathieu n'était que tout juste assez grande pour les tenir; les chaises manquaient. On prit les deux bancs de la table des domestiques, et encore après cela, fallut-il que chacun se serrât de son mieux contre son voisin.

— Nous avons dit, commença M. Mathieu, nous avons dit que le cultivateur devait rendre au sol ce que le sol lui prêtait pour ses récoltes; nous avons dit que cette restitution se faisait sous forme d'engrais et que ces engrais étaient de plusieurs sortes. Étudions-les donc l'un après l'autre; voyons ce qu'ils valent, à quels terrains ils conviennent, à quels végétaux ils profitent.

Le moyen le plus simple et le meilleur de réparer

les pertes qu'un champ a éprouvées en donnant une récolte, c'est d'accorder à ce champ un repos de plusieurs années et d'y enfouir par moments les mauvaises herbes qui poussent dessus, à la grâce de Dieu. La décomposition de ces plantes, l'air, le soleil et l'électricité remettent le champ en état, mieux que ne le ferait un cultivateur; mais on n'a pas toujours le temps d'attendre des années. En Russie et ailleurs, dans les pays de serfs, c'est différent. Les hommes manquent et la terre abonde. On cultive un champ, puis on l'abandonne pendant cinq, sept, huit ou dix ans avant de lui demander une nouvelle récolte. Avec ce procédé commode, on n'a pas besoin d'engrais. Mais encore une fois, les choses ne peuvent se passer ainsi dans les pays peuplés, où la terre n'est pas commune, vu le nombre des habitants. On veut qu'elle rapporte tous les ans; la jachère s'en va. Et où il n'y a point de repos pour ramener les forces, il faut de la nourriture; où il n'y a point de jachères, il faut nécessairement de l'engrais tous les ans, et plutôt deux fois qu'une.

Les meilleurs engrais, à mon avis, ne sont pas ceux qui font pousser l'herbe la plus drue, ni les plantes les plus fortes; ce sont ceux qui donnent, avant tout, la qualité. Ceux-là sont les engrais les plus naturels et les plus sains pour les végétaux. Je les appellerai ENGRAIS TERREUX. J'entends par là les terres rapportées, les boues de rues, les pâtés flamands ou composts, les marnes, les terres de route, les terres des fossés, des mares et des étangs, les terres cuites, les terres provenant du lavage des minerais de fer, les terres d'étable, les cendres pyriteuses, les cendres de houille, la chaux, le plâtre et enfin le laitier des hauts-fourneaux qui a servi à l'entretien des chemins.

— Pardon, monsieur Mathieu, interrompit Jean-Pierre. Vous dites que la marne, la chaux et le plâtre sont des engrais. Comment se fait-il-donc que d'autres soutiennent que ce sont des amendements?

— C'est une erreur, Jean-Pierre, et moi qui te parle,

je l'ai commise aussi ; mais je m'en confesse sans difficulté. Ce sont des engrais, de bons et de véritables, comme tu le verras tout à l'heure.

— Continuez, monsieur Mathieu, et excusez-moi.

— Vous avez, je suppose, un champ un peu usé, un peu fatigué; rien ne vous empêche d'amener dessus, pour le rajeunir, pour le remettre en état, des tombereaux de terre jeune, reposée et riche de nourriture. Ces transports de terre conviennent à tous les sols et à tous les végétaux, et maintiennent la qualité des produits. J'ai toujours eu bonne opinion des cultivateurs qui terraient leurs champs. Voilà pour les *terres rapportées*.

Depuis que les chemins vicinaux sont entretenus avec soin, on vide les ornières et on ramasse la boue, avant d'étendre le gravier ou les pierres cassées. Cette boue, relevée en petits tas, de distance en distance, est vendue par les communes ou abandonnée à qui veut se donner la peine de la prendre. Presque toujours, c'est de la bonne terre, pétrie par les roues des voitures et les pieds des animaux. L'air y a passé et l'a enrichie. Ne la dédaignez point; elle fera du bien partout où vous la mettrez. Voilà pour les *boues des rues*.

En France, dans le département du Nord, et dans toute la Belgique, il n'est pas rare de rencontrer au bord des chemins, au bout des champs et dans les jardins, des mélanges de terre, de gazons, de mauvaises herbes et de chaux, larges et hauts d'aucunes fois comme des huttes de village. Quand tout cela est reposé et pourri, plus ou moins, on bouleverse les tas avec une pioche, et on les répand sur les terres à céréales et à jardins. Dans les contrées où les terrains siliceux et schisteux ont besoin de chaux pour devenir productifs, le meilleur moyen d'employer cette chaux, c'est de la mêler ainsi, par couches, avec de la terre. Voilà pour les *pâtés flamands* ou *composts*, comme diraient les Anglais.

Quelquefois, à fleur du sol, d'autres fois à de grandes

profondeurs, tantôt sous des champs calcaires, tantôt sous des champs d'argile, il nous arrive de découvrir des couches de terre bleuâtre, jaunâtre, ou blanchâtre, sur laquelle le vinaigre mord aisément, et qui, à l'air, se fendille, se défait, se délite comme de la chaux. Et plus facilement elle se délite, mieux elle vaut; c'est une preuve qu'elle contient beaucoup plus de calcaire que d'argile. Tirez-la comme vous l'entendrez, soit au moyen de découverts, soit au moyen de puits, mettez-la en petits tas sur vos champs, faites que l'hiver passe sur cette terre vierge; laissez-la même, si vous le pouvez, reposer une année, deux années; répandez-la ensuite comme une forte fumure, et vous aurez amélioré votre terrain pour de longues années. Cette terre n'est autre chose que de la *marne*. Elle produit d'excellents effets, et sur les sols calcaires, où elle apporte un peu d'argile, et sur les sols argileux, où elle apporte beaucoup de calcaire, et enfin sur les sols siliceux qui manquent de calcaire et souvent d'argile. D'autre part, tous les végétaux s'en accomodent à merveille.

Il n'y a qu'une précaution à prendre pour l'emploi de la marne, c'est de la laisser reposer longtemps à l'air avant de la répandre. On ne marne habituellement les terres que tous les neuf ans; on pourrait les marner plus souvent, si, au lieu d'employer la marne presque aussitôt sortie des marnières, on avait la patience d'attendre que l'action de l'air l'eût fertilisée. Il suffirait, pour cela, de l'étendre au bout du champ, par couches minces de 30 à 40 centimètres seulement, de la remuer, de la bouleverser deux ou trois fois par année, avec la bêche ou la pioche, et d'attendre deux ans au moins avant de s'en servir. Tout vient à point à qui sait attendre.

La marne est au nombre des substances que l'on a baptisées du nom d'amendement. Elle amende le sol, c'est vrai; elle l'améliore, elle fait produire celui qui ne produisait pas, elle enrichit celui qui était pauvre. C'est un engrais délicieux pour les vignobles, car la vigne aime la potasse et la chaux, et la marne en contient; délicieux pour les sols argileux, car ils manquent de chaux pour la nourriture des plantes, et la marne leur en apporte. On ne peut donc pas raisonnablement dire que la marne n'a sur les terrains qu'une action mécanique, puisqu'elle nourrit les végétaux de sa propre substance.

Passons à un autre engrais beaucoup trop négligé. Nous avons, dans la plupart des pays, des grandes routes entretenues avec soin, à grand renfort de pierres cassées, de cailloux, de gravier, de pierres à fusil ou de sable de rivière. Les chariots des rouliers, les charrettes, les tombereaux, les petites voitures passent là-dessus, écrasent, broient ces matériaux et en forment une pâte avec l'eau des pluies. Les cantonniers viennent ensuite avec la râcloire ou avec la pioche, nettoient les chaussées et les accotements, mettent la boue en trottoirs ou en tas, ou la jettent tout bonnement dans les fossés. Je sais que quelque part, on vend cette boue; mais je sais fort bien aussi que, dans beaucoup de localités, on la donne à qui la demande, attendu que c'est un embarras pour les ponts-et-chaussées. Or, quand, chez nous, on donne une chose, c'est que cette chose n'est point recherchée, car, autrement, on la vendrait bel et bien. Nous blâmons donc les cultivateurs de ne point rechercher les boues de routes, qui, en général, ont de grandes qualités.

Lorsqu'elles proviennent de pierres à chaux, de marbre, de cailloux ou de gravier qui ne font pas feu sous le briquet, les boues de route sont calcaires et sont excellentes pour les vignobles, les treilles, les bois défrichés, les prairies rompues, les bruyères mises en culture sans écobuage, les terres argileuses, les vergers, la pomme de terre, la gaude, la garance et toutes les plantes qui fournissent des couleurs, attendu que le calcaire leur donne de la vivacité, ou empêche que les acides leur en ôtent, ce qui revient au même.

Lorsqu'elles proviennent de pierres à fusil, de cailloux roulés, de grès, de granit, de quartz, de sable de rivière, c'est-à-dire de matériaux qui font feu sous le briquet, les boues de route sont siliceuses et conviennent par conséquent aux terres qui manquent de silice. Or, ces terres-là sont faciles à reconnaître aux deux caractères que voici : elles n'usent presque pas les fers de charrue et donnent des blés qui versent facilement. Ainsi donc, quand vous avez des terrains où les blés versent aux premiers coups de vent, mettez-y des boues siliceuses, et ils ne verseront plus. C'est la silice qui donne de la force aux tiges des plantes, qui les durcit et les rend cassantes. Si la silice vient à leur manquer, elles n'ont pas de consistance; elles sont flasques, molles comme de la guenille. Une rafale vient, quelques secousses d'orage se font, et, tout de suite, elles ploient, se tordent, se couchent la tête aux pieds et ne se relèvent plus. S'il n'y avait pas tant de silice dans les terres schisteuses du Luxembourg belge, les hautes avoines blanches et beaucoup trop serrées, que l'on y récolte, ne se soutiendraient jamais.

Vous pouvez encore employer les boues siliceuses avec le fumier de mouton, pour nourrir le colza, la navette, le chou, la rave, le navet de table, la moutarde. Toutes les plantes de cette famille aiment beaucoup la silice et le soufre. Les boues dont nous parlons leur fournissent la silice; le fumier de mouton leur fournit le soufre, à cause des petites mèches de laine dont il est chargé.

— Nous ne savions pas cela, dit Nicolas.

— Il y a, mon garçon, bel et bien des choses encore que tu ne sais pas, répondit M. Mathieu. Mais continuons. Voilà pour les *terres de route*.

Voici maintenant pour les *terres des fossés, des mares* et *des étangs*. Quand on nettoie les mares et les étangs, quand on cure et répare les fossés, les boues et terres que l'on retire ne doivent pas être négligées. Toutes sortes de mauvaises herbes et des milliers et des millions de petits animaux ont pourri là dedans. C'est un fort bon engrais, surtout pour les terrains brûlants, soit siliceux, soit calcaires; mais, avant de l'employer, il est convenable de le laisser égoutter à l'air pendant quelques mois.

Un mot, à présent, sur les *terres cuites*. Toutes les fois qu'une terre, et surtout une terre argileuse, passe au feu, il s'y forme des combinaisons particulières que nous ne connaissons pas bien, mais qui conviennent beaucoup aux végétaux, sans en excepter aucun. Ainsi, ne laissez point perdre les terres cuites des vieux fours démolis, ni celles des fourneaux, ni le ciment, ni les vieilles tuiles cassées. Ainsi, n'oubliez pas que les places à charbon, les fauldes, dans les bois, sont très-fertiles et que les gazons brûlés ou écobués, forment un engrais recherché. Toutefois, notez que s'il n'y a pas d'inconvénient à écobuer des terres argileuses très-fortes, il y en a à écobuer des terres à bruyères et des défriches de bois. Vous avez là un fumier de feuilles mortes et de bois pourri qui durerait des années; vous y mettez le feu, et il ne vous reste plus que des cendres qui durent une saison, pas davantage. A ce métier, le cultivateur mange sa récolte en herbe. N'essartez donc ni les bruyères, ni les défriches de bois; mettez-y de la chaux et vous vous en trouverez mieux.

Les arbres fruitiers, les céréales, les pommes de terre prospèrent sous l'influence des terres cuites. C'est un des engrais les plus délicats que je connaisse.

J'arrive maintenant aux *terres qui proviennent du lavage des minerais de fer*. De même qu'il y a du fer dans le sang des animaux, de même aussi il y a du fer dans la séve des végétaux. Quand il vient à manquer chez les uns ou chez les autres, les pâles couleurs se montrent, le teint des gens devient blême, la vie ne court plus sous leur peau; ils ont ce que les médecins appellent la *chlorose*. Les végétaux, eux aussi, ont d'aucunes fois cette maladie-là. Ils ont le teint pâle; le vert des feuilles s'en va; elles deviennent blanchâtres ou plutôt d'un jaune tendre, leur séve est appauvrie. Quand les hommes sont dans cet état, que font les médecins? Ils conseillent les ferrugineux, ils ordonnent aux malades de boire des eaux ferrées naturelles, ou tout bonnement l'eau qui a séjourné sur de vieux clous rouillés, ou enfin des viandes rôties et saignantes. Ils veulent que le fer entre pour quelque chose dans la nourriture de leurs malades.

Eh bien ! c'est aussi ce que nous devons vouloir pour nos plantes qui souffrent et s'étiolent faute de fer, dans les sols fatigués. M. Eusèbe Gris, un ancien pharmacien de Châtillon-sur-Seine, a, le premier, essayé de traiter par les ferrugineux les plantes malades de la chlorose, et n'a pas eu de peine à rendre aux feuilles pâles leur couleur verte. Il se servait pour cela d'un sel de fer que les savants appellent sulfate de fer, et que les épiciers nous vendent sous le nom de couperose verte ou de vitriol vert. Il en faisait dissoudre quelques petits morceaux dans beaucoup d'eau et arrosait ses plantes avec cette dissolution. — Il y a un moyen plus simple, plus commode et peut-être meilleur pour arriver au même but : c'est de préparer notre eau ferrée avec de vieux clous, de vieux socs de charrue, de vieux anneaux de chaînes usées, avec la vieille ferraille rouillée, en un mot, que nous mettons au rebut dans nos maisons de village. On remue cela dans une tonne d'eau avec un balai. La rouille se détache, l'eau se trouble et l'on arrose avec.

Si vous voulez opérer plus en grand, vous prenez la terre rouge des patouillets où se fait le lavage de la mine de fer, et une fois sèche et réduite en poussière, vous la répandez comme du plâtre sur les terrains appauvris. La rouille passe dans la séve des plantes; elles reverdissent et reprennent promptement de la vigueur.

Il est évident que le fer seul ne nourrirait ni les animaux ni les végétaux ; mais il doit entrer dans la nourriture des uns et des autres, et, à ce titre, il fait partie des engrais. M. Eusèbe Gris, en homme enthousiaste de sa découverte, s'était imaginé que le sulfate de fer était un engrais complet et qu'avec lui les récoltes pouvaient se passer de fumier. C'était une erreur. L'un ne dispense pas de l'autre.

Un mot maintenant sur les *terres d'étable*. Dans certaines contrées, lorsque les pailles, les genêts, les bruyères, les fougères et les feuilles manquent aux cultivateurs, les animaux ne reçoivent point de litière. Ils urinent et font donc leurs excréments sur la terre des étables, et cette terre devient au bout de quelques semaines un très-riche engrais, que l'on enlève et remplace avec de la terre nouvelle, épuisée ou non. Si ce sont des moutons qui ont converti la terre d'étable en engrais, rendez cette terre aux champs qui ont nourri vos moutons; si ce sont des vaches ou des bœufs, rendez-la aux pâturages qui leur ont fourni le foin et aux champs qui leur ont fourni la paille, le son, les tourteaux, les navets, les carottes, les panais ou les betteraves.

A chaque sol ce qui lui est dû en remboursement, voilà le principe.

Un mot à présent sur les *cendres pyriteuses*. Sur certains points de la France, on rencontre des dépôts calcaires qui renferment un peu de soufre combiné avec d'autres substances. Ces dépôts calcaires ressemblent beaucoup à des dépôts de cendres, mais n'en sont point, ce qui n'empêche pas les paysans du Nord de les appeler cendres marines, les croyant amenées où elles sont par les eaux du déluge. Par cela seul qu'elles contiennent du soufre, elles conviennent aux végétaux de la famille des Crucifères et des Légumineuses. On appelle crucifères les plantes qui ont la fleur en croix, comme la navette, le colza, la moutarde, le chou, le navet de table, la rave, et légumineuses les plantes qui ont la fleur faite comme celle du trèfle, de la luzerne, du sainfoin, de la vesce, du pois, du haricot, etc. Ces deux familles aiment les engrais où il y a du soufre. Or, il y a du soufre surtout dans le fumier de mouton, dans les chiffons de laine, dans les cendres pyriteuses, dans le plâtre, dans les eaux des fabriques où l'on emploie les couperoses, dans les eaux de chaux qui ont servi à épurer le gaz pour l'éclairage et dans celles des latrines.

Les *cendres de houille*, et principalement celles des houilles terreuses, jouissent à peu près des mêmes propriétés que les terres cuites et la chaux. Où les unes réussissent, les autres réussiront.

La *chaux* est un excellent engrais, comme le pain est une excellente nourriture; mais si vous ne donniez que de la chaux aux plantes et uniquement du pain aux hommes, ils finiraient par dépérir. Il faut aux uns du pain et quelque chose avec, et aux autres de la chaux et aussi quelque chose avec. D'aucuns vous disent que la chaux n'est qu'un amendement, que ce n'est point un engrais, que si elle produit de merveilleux effets dans les terrains argileux, c'est tout bonnement parce qu'elle les divise. Je vous déclare que cette raison ne me paraît pas bonne, car elle produit également un merveilleux effet dans les terrains siliceux et légers qu'elle ne divise pas, attendu qu'ils sont déjà trop divisés. Et, d'ailleurs, ce ne sont pas quelques hectolitres de chaux par hectare qui peuvent diviser le sol. Cela me fait rire et hausser les épaules.

Voici comment je m'explique les bons effets de la chaux : — Pour qu'une terre soit d'excellente qualité, il faut qu'il y ait dedans un peu de tout et que, principalement, la chaux n'y manque point, car tous les végétaux s'en nourrissent. La chaux qui est dans leurs cendres le prouve et de reste. Partant, lorsque vous en donnez aux argiles qui n'en ont guère et aux terrains siliceux qui n'en ont pas du tout, les plantes se réjouissent et font fête. C'est tout naturel. On mange avec appétit ce qu'on aime. Encore une fois, notez bien ceci : pas de paille, pas de brin d'herbe, pas de feuille, pas de bois qui ne donnent de la chaux quand vous les brûlez. Donc, toutes les fois que la chaux manquera dans un terrain, les besoins des plantes ne seront pas satisfaits; donc aussi, toutes les fois que vous donnerez à ce terrain ou de la chaux, ou de la boue de pierre à chaux ramassée sur les routes, ou des cendres de houille qui en renferment, vous mettrez les plantes dans le contentement.

Il ne fait pas bon employer la chaux sur les terres cultivées, quand elle est vive. Elle ne convient alors que pour des défriches récentes de forêts, très-riches en détritus végétaux. Dans cet état, elle est caustique, elle brûle, elle perdrait les graines qu'elle toucherait. On la met donc en petits tas sur le champ : elle se délite, elle se fuse pendant l'hiver, et, après cela, son emploi n'offre plus d'inconvénient. Ou bien encore, ce qui vaut mieux, on la mélange tout bonnement avec de la terre sous forme de composts.

La chaux, mes amis, n'a pas seulement le mérite de nourrir les végétaux; elle a aussi celui d'empêcher l'aigreur des terrains. Vous savez que les feuilles, que les herbes qui pourrissent, donnent des eaux acides dans le genre du vinaigre. Ces eaux-là gâtent le sol, le rendent aigre, comme nous disons nous autres, et les plantes délicates n'y poussent pas volontiers. A la place d'un bois défriché, d'une bruyère défrichée, vous avez un sol aigre, à cause des millions et des milliards de feuilles qui ont pourri là pendant des siècles. A la place d'un pré marécageux, que vous avez assaini et rompu à la charrue, vous avez un sol aigre, à cause des roseaux, des joncs, des mauvaises herbes qui ont poussé et sont mortes là, peut-être aussi pendant des centaines d'années. Eh bien ! sur ce sol aigre, toutes les plantes que vous sèmeriez ne viendraient pas volontiers, ne prospéreraient pas. Il n'y a guère que l'avoine qui résiste bien, et vous en semez plusieurs années de suite. Si, au contraire, vous menez sur ces terrains, nouvellement défrichés, beaucoup de chaux ou beaucoup de boues calcaires de route, ce qui revient à peu près au même; si, après cela, vous faites un labour croisé pour mêler le tout, terre, feuilles pourries et chaux, comme il convient, l'aigreur s'en ira, et vous pourrez semer autre chose que de l'avoine. Tenez, mes amis, continua M. Mathieu, je vais vous expliquer le mystère en deux mots : — Vous n'êtes pas sans avoir entendu dire aux anciens que pour guérir une personne de la fièvre, il fallait mettre un œuf de poule, un œuf frais, avec sa coque, dans un verre de vinaigre, l'y laisser pendant vingt-quatre heures, le retirer, et, après cela, faire boire le vinaigre à la personne malade ?

— Ma grand'mère interrompit Jean-Pierre, m'a indiqué cette recette-là plus de cent fois, quand j'avais les fièvres, mais je n'en ai pas voulu, attendu que ça me faisait l'effet d'un remède de cheval.

— Pas si rude à avaler que tu te l'imagines, reprit M. Mathieu, et voici pourquoi : — La coque d'œuf, c'est du calcaire, de la chaux ou approchant; cette chaux prend la force du vinaigre pour former un sel qui n'est pas mauvais à avaler, et le tour est fait. Eh bien ! la chaux se comporte de la même manière avec l'acide des terrains nouvellement défrichés.

Après cela, beaucoup de choses que les cultivateurs savent et ne comprennent pas, s'expliquent facilement. Dans les terrains où il y a beaucoup de calcaire, on peut sans inconvénient, bien au contraire, retourner et enfouir des récoltes en vert; les terrains n'aigriront pas puisque le calcaire prendra les acides. Mais dans les terrains où il y a très-peu de calcaire, comme dans les champs argileux, siliceux et schisteux, il y a toujours de l'inconvénient à enfouir des récoltes vertes, à moins que l'on n'y enfouisse en même temps le contre-poison, c'est-à-dire de la chaux ou des terres calcaires de route, ou des cendres en quantité, cendres de houille ou cendres de bois. Il y a de la chaux dans les unes et dans les autres.

La chaux, mais cette fois la chaux vive, peut encore servir avantageusement dans les fermes, pour hâter la pourriture des mauvaises herbes et des animaux morts de maladie. Ainsi, quand vous voulez préparer des pâtés flamands ou des composts anglais, c'est-à dire des mélanges de terre et de toutes sortes de substances végétales ou animales, ne craignez pas d'y mettre de la chaux vive. Elle décomposera rapidement ces substances. C'est pour cela que si vous mettiez trop de chaux et rien que de la chaux, pas de fumier avec, dans des défriches de forêts, de genêts, de bruyères, ou de prairies, la richesse de ces terres serait vite diminuée.

La quantité de chaux employée par hectare pour le chaulage des terres varie entre soixante et cent hectolitres. D'aucuns même portent la dose à cent cinquante, et en voilà pour huit ou neuf ans. Cette manière de faire ne me paraît pas bonne; entre nous soit dit, j'aimerais mieux chauler tous les trois ans, à raison de 20, 30 ou 40 hectolitres. Il y aurait moins d'avances à débourser et moins de pertes à essuyer. Je vous dirai en outre que la chaux ne dispense pas du fumier.

Après la chaux, le *plâtre*. Je n'admets pas non plus que ce soit un amendement. C'est un engrais, comme le précédent, mais un engrais qui ne convient qu'à deux ou à trois familles de végétaux, aux Légumineuses, aux Crucifères et aux Chénopodées, assurent quelques-uns, comme qui dirait, par exemple, aux épinards. Pourquoi le plâtre ne convient-il pas à d'autres familles? Voudriez-vous me dire pourquoi les chèvres mangent impunément et avec passion le tabac à fumer, tandis que les autres animaux s'empoisonneraient? Les légumineuses aiment le plâtre; elles s'en nourrissent, elles en vivent, c'est un fait. Reste à savoir maintenant si le foin des prairies artificielles plâtrées est d'aussi bonne qualité et aussi sain pour les bêtes que le foin des prairies artificielles non plâtrées Cette question très-importante n'est pas encore résolue. Pour mon compte, à poids et prix égaux, je n'hésiterais point à préférer le fourrage non plâtré au fourrage plâtré. Il y a sur ce point beaucoup d'observations à faire; que les vétérinaires et les cultivateurs y songent.

S'il est certain que le plâtre, semé à raison de deux hectolitres et demi sur les légumineuses, au moment où elles commencent à pousser, par un temps couvert ou brumeux, et alors que la rosée de la nuit humecte encore les feuilles, leur est très-favorable, il est certain aussi qu'il ôte de la qualité aux fruits. Les pois, les haricots, les lentilles plâtrés jettent un beau feuillage, flattent l'œil, mais leurs graines ne cuisent pas plus que dans l'eau séléniteuse des puits et fontaines de Paris. Pour la même raison, il me semble que les graines, les feuilles et les tiges de la luzerne et du sainfoin plâtrés doivent éprouver une altération semblable. Le plâtre, dont elles se sont nourries, doit leur communiquer des propriétés purgatives, dont l'influence continuelle sur les animaux peut être fâcheuse. C'est un point à examiner.

Je terminerai cette leçon, mes amis, en même temps que la série des engrais terreux, en vous recommandant bien de ne pas dédaigner les scories de hauts-fourneaux, que, dans les pays de forges, on connaît sous le nom de *laitier*. Dans le voisinage des usines, on en trouve des quantités considérables qui, à l'air, perdent de leur dureté, se désagrégent peu à peu et finissent par se mettre en pâte. On en trouve aussi quelquefois sur les chemins, où les cantonniers l'emploient pour combler les ornières. Lorsque ce laitier, dont l'agriculture ne tire presque point parti, est écrasé et reduit en pâte, il y a tout profit à le répandre avec de la terre ou avec du fumier sur les prés, dans les terres calcaires, dans les terres où les céréales sont sujettes à verser, enfin, dans les plantations de navets, de choux et de colza. Les paysans des environs de Châtillon-sur-Seine ont deviné les propriétés de cet engrais. J'en ai vu le retirer des ornières des chemins et le jeter à la pelle sur les prés qui bordent ces chemins. En Belgique aussi, le laitier a pris place parmi les engrais. Il y a dedans de la silice, un peu de potasse et un peu de fer.

V

ENGRAIS VÉGÉTAUX.

Ce soir-là, Nicolas arriva plus tôt que les autres. M. Mathieu n'avait pas fini de souper.

— Vous êtes en train de bien faire? dit Nicolas.

— Oui, mon garçon, à ton service.

— Vous êtes bien honnête; c'est fini pour moi, je sors de table.

— Tu prendras bien un verre de vin?

— Oh! un verre de vin, ça n'est point de refus!

— A ta santé! Nicolas.

— A la vôtre! monsieur Mathieu.

— Dis donc, Nicolas, le temps s'est bien détendu depuis hier au soir.... Avec la pluie qui tombe, il n'y aura plus de neige aux champs demain matin.

— Mais pourvu que le froid ne reprenne pas trop vite! mauvaise besogne que celle de la gelée sur les récoltes mouillées?

— Comment as-tu passé la journée, Nicolas?

— Ma foi, monsieur Mathieu, j'ai battu dans la matinée quelque gerbes que j'avais encore en grange, et après, j'ai suivi vos bons conseils. J'ai ramassé la boue qui était devant ma porte et dans la rue. Et toutes les fois qu'il fera mauvais à ne pouvoir aller aux champs, je continuerai le tas, et j'arriverai ainsi à former de l'engrais qui ne me coûtera pas cher.

— Écoute-moi, Nicolas. Pour rendre cette terre aussi bonne que du bon fumier, tu auras soin de jeter dessus les balayures de la maison, les eaux de savon, les eaux de lessive, les rinçures de tonneaux, les eaux de vaisselle, de récurage, les os et les morceaux de viande gâtée.

— J'y avais songé, monsieur Mathieu. Quant aux eaux de vaisselle je les donne aux cochons ou aux vaches. Les os et la viande, je n'en jette jamais ; il ne s'en perd point à la maison, vu que nous n'allons pas trois fois par an chez le boucher. Est-ce qu'autrement nous joindrions les deux bouts?

La conversation continuait encore sur ce ton lorsque le gros des élèves arriva.

— Bonsoir, monsieur Mathieu; nous vous amenons le mauvais temps, monsieur Mathieu.

— Le temps de la saison, mes amis. Voyons, asseyez-vous et revenons tout de suite à nos engrais. Je vous ai dit qu'un des bons moyens de rembourser la terre de ses avances au cultivateur, c'était de lui rendre une partie des végétaux qu'elle nous donne, et je dis une partie, parce que lui restituer le tout, ce serait payer de trop gros intérêts. La terre ne fait pas les végétaux toute seule, l'air y travaille aussi bien qu'elle. Rendons à la terre la part qui lui revient, mais gardons, pour nous payer de nos peines, la part de l'air et de notre main-d'œuvre. Divisons la chose comme dans une levée de miel. Tant pour les abeilles, tant pour le maître des abeilles.

Cette façon de fumer la terre avec une partie de ses

propres produits a des avantages dans certains cas. Les engrais purement végétaux n'altèrent point la qualité des récoltes. D'un autre côté, ils entretiennent de l'humidité dans les terrains trop secs et trop brûlants. Enfin, ils permettent de cultiver des sols montagneux, où il serait impossible de charrier du fumier.

Règle générale, les engrais végétaux ne réussissent très-bien que dans les terrains calcaires, c'est-à-dire dans les terrains où il y a beaucoup de chaux. Ceux-ci ont presque toujours soif; les engrais végétaux leur apportent à boire. Ces terrains sont les seuls qui ne craignent pas les acides; et les engrais végétaux, qui pourrissent, en donnent beaucoup quand ils sont verts. Dans le Midi, les engrais végétaux sont très-recherchés; dans le Nord, au contraire, ils le sont très-peu. Jauffret, avec son fumier végétal, est devenu célèbre entre Lyon et Marseille; mais entre Lyon et Dunkerque, les paysans ne le connaissent pas même de nom. Il a réussi dans les pays chauds et sur les sols calcaires; il eût échoué complétement dans les pays brumeux et froids, avec des sols d'argile et des terres schisteuses à bruyères. Cependant, l'usage des engrais végétaux peut être utile dans des terrains siliceux et secs. Dans ce cas, il faut avoir soin d'enfouir avec eux de la chaux, ou de la cendre de houille, ou des terres calcaires de route, ou du fumier de ferme; sans cela, les acides empêcheraient la production.

Les engrais végétaux sont les herbes vertes et les herbes sèches en général, les pailles, les feuilles, les genêts, le sarment de vigne haché, le marc de raisin, les tourteaux de navette, de colza, d'olives, les résidus des brasseries, le tan, le marc de poires, le marc de pommes, le marc de café, et, enfin, l'engrais Jauffret, qui est un mélange de toutes sortes de végétaux qui ont fermenté ensemble.

Tous ces engrais doivent naturellement et autant que possible retourner aux sols qui les ont fournis.

Vous ne fauchez pas les herbes vertes d'un champ pour aller les enterrer sur un autre champ. Vous passez le rouleau dessus pour les coucher, vous y mettez ensuite la charrue et les retournez sur place, dans le sol même qui les a nourries. Et vous faites bien. La raison veut que cela soit et la nature aussi. Vous n'arrachez pas les éteules d'une pièce de céréales pour les porter ailleurs; vous les retournez sur place, et vous avez encore raison.

Rendez donc le plus souvent que vous le pourrez vos pailles aux champs d'où elles sortent, les feuilles d'arbres à vos jardins fruitiers, le sarment de vigne haché et le marc de raisin à vos vignobles, les pailles de navette, de colza, ainsi que leurs tourteaux, aux champs qui ont nourri ces plantes, le marc d'olives aux plantations d'oliviers, les résidus de brasseries aux terres qui ont fourni l'orge et aux houblonnières, le marc de pommes aux pommiers à cidre, le marc de poires aux arbres à poiré. Et, en faisant cela, vous ferez de la culture raisonnée : c'est la bonne, croyez-moi.

Si je ne vous dis pas de rendre le tan des tanneries aux forêts et le marc de café aux caféiers, c'est parce que nous n'avons à cultiver ni des chênes ni des caféiers. Si vous avez de bons vignobles, dont les vins ne soient pas de garde, mettez-y du tan avec les engrais ordinaires, et vous vous en trouverez bien, car les vins ne se conservent pas, faute de tannin. Mais, en général, n'employez le tan que lorsqu'il est vieux et noir, et ne l'employez que dans de petites proportions, avec de la terre et des fumiers frais; il tue la végétation, et c'est pour cela qu'on en répand sur les allées de jardins pour empêcher l'herbe d'y pousser.

Si vous avez des fleurs, donnez-leur votre marc de café; vous vous en trouverez bien.

On pourrait me faire une observation touchant mes conseils de tout à l'heure; on pourrait me dire : — Monsieur Mathieu, vous avez raison de nous recommander de rendre au sol ce qu'il nous a prêté; cependant, il peut y avoir de l'inconvénient à mettre du marc de raisin dans les vignobles communs, qui n'ont guère de calcaire, ainsi qu'à mettre du marc de pommes au pied des pommiers, du marc de poires au pied des poiriers, dans des terrains frais et peu calcaires aussi. — C'est possible, je ne dis pas non; mais je réponds qu'il y a du choix dans les manières de restituer. Qui est-ce qui nous empêche d'y mêler de la chaux ou à la rigueur de mettre le feu aux marcs en question et de rendre les cendres? La restitution a toujours lieu selon les règles, et l'inconvénient disparaît. C'est comme pour les bruyères qui sont dures à décomposer. Il vaut mieux les brûler et les rendre à l'état de cendre, que de les faire pourrir en terre ou de les donner en litière aux animaux.

Un mot à présent sur l'engrais Jauffret. Vous saurez d'abord que Jauffret était un paysan comme nous autres, un paysan du midi de la France. Il est mort depuis quelques années seulement. Dieu ait son âme! De son vivant, Jauffret se demanda s'il n'y aurait pas un moyen de faire artificiellement un fumier qui se rapprochât de celui que les bêtes font naturellement avec la litière. Ce n'était pas commode. Il essaya néanmoins : il mit dans un même tas des pailles, des herbes, des fougères, des genêts, des balles de grains, des feuilles, tout ce qui lui tomba sous les mains, et sur ce tas de végétaux verts ou secs, il versa de l'eau de sa composition qu'il appelait sa lessive. Ainsi, pour convertir en engrais 1,000 livres de paille ou 2,000 livres de végétaux de toutes sortes, il fit sa lessive avec 200 livres de matières fécales et urines, 50 livres de suie, 400 livres de plâtre en poudre, 60 livres de chaux vive, 20 livres de cendres de bois non lessivées, 1 livre de sel marin, 10 onces de salpêtre raffiné et 50 livres d'eau de fumier. Au bout de quelques jours, les herbes s'échauffèrent et fermentèrent, donnant de la chaleur à n'y point tenir la main, fumant et exhalant, dit-on, l'odeur du fumier tiède qu'on sort de l'écurie. Et, à mesure que la fermentation augmentait, Jauffret arrosait pour s'en rendre maître. Une quinzaine de jours après, et même moins, le fumier était obtenu, bon à conduire aux champs. Les essais de Jauffret réussirent ; on le flatta, on le vanta, on lui donna des médailles, on lui tourna la tête à force d'encens. Le brave homme recueillit beaucoup de gloire, gagna peu d'argent et mourut pauvre.

La découverte de Jauffret était bonne ; on fit donc bien de la vanter, de la publier partout à son de trompe ; mais on eut le tort de ne pas dire assez qu'elle convenait surtout aux pays chauds et presque exclusivement aux sols calcaires. Il s'ensuivit que, d'un côté, on dit beaucoup de bien de cet engrais, tandis que, de l'autre, on trouva qu'il ne valait point ce qu'il coûtait. Les uns avaient raison et les autres n'avaient pas tort. Il ne s'agissait que de s'entendre d'abord sur l'application, et l'on ne s'était pas entendu.

Voulez-vous, mes amis, fabriquer de l'engrais Jauffret ? Rien de plus facile au monde ; nous n'avons pas même besoin de sa recette pour réussir. Je vais vous en indiquer une qui la vaudra pour le moins : — Vous mettrez dans un baquet d'eau de fumier, de la chaux, quelques kilogrammes de plâtre en poudre, de l'urine d'homme, des cendres de bois, quelques poignées de salpêtre et un peu de sang que vous prendrez chez le boucher ; un peu plus de l'un, un peu moins de l'autre, c'est égal, vous aurez une bonne lessive. Vous la remuerez avec un bâton et la verserez sur votre tas d'herbes, après l'avoir serré, foulé de votre mieux. La fermentation se produira, les herbes s'échaufferont, la vapeur sortira, et, quand votre main n'y tiendra plus, vous arroserez fort avec de l'eau de fumier tout simplement, ou même avec de l'eau de puits. Et au bout de quinze jours ou trois semaines, vous aurez l'engrais végétal de Jauffret. Mais si vos terres sont argileuses, froides, fortes, humides, ne vous mettez pas en frais de fabrication. L'herbe ne vaudrait pas le coup de faux, ni le bois le coup de cognée.

— Monsieur Mathieu, demanda Jean-Pierre, est-ce que la première plante venue est bonne à enfouir dans les terrains calcaires? et puis, est-ce qu'il vaut mieux l'enfouir en herbe qu'en fleur, et mieux en fleur qu'en graine?

— Toutes les herbes sont bonnes à enfouir, quand elles ne sont pas trop dures ; mais on sacrifie principalement le trèfle, le sainfoin, le lupin, la vesce, le maïs, les jeunes pousses de raves, la chicorée et le sarrasin. On enfouit d'ordinaire les récoltes vertes au moment où elles vont se mettre en fleur. Plus tôt, elles sont trop tendres et ne rendent que de l'eau; plus tard, elles sont trop dures, trop coriaces contiennent moins de sels et se décomposent difficilement.

— Bien obligé, dit Jean-Pierre. Nous nous en tenons là pour aujourd'hui, n'est-ce pas, monsieur Mathieu?

— Soit; mais la suite à demain.

— C'est entendu, monsieur Mathieu.

VI

ENGRAIS VÉGÉTO-ANIMAUX

— On appelle engrais végéto-animaux, commença M. Mathieu, les engrais qui sont faits de substances végétales et de substances animales, comme les fumiers de ferme, par exemple, qui ne sont qu'un mélange de pailles, de genêts, d'urine et d'excréments de bêtes. Ils ont plus de force, plus d'énergie que les terres rapportées et les engrais végétaux ; ils font produire plus aussi, mais les produits perdent un peu de leur délicatesse, en raison de l'odeur des engrais qui les pénètrent. Chez nous, qui fumons presque toutes nos récoltes avec des engrais animalisés, on a de la peine à distinguer cette altération des produits, parce que nous ne pouvons pas toujours comparer et que l'habitude devient une seconde nature ; mais dans les pays où il y a beaucoup de terres vierges, cette différence est très-sensible. En Amérique, par exemple, les grains et les fruits qui proviennent de cultures sans fumier sont préférés à ceux qui proviennent des terres fumées. Eh! mon Dieu, n'allons pas si loin chercher nos preuves. Ne savons-nous pas que les primeurs des jardiniers, en radis et en laitue, ont une saveur détestable? En les mangeant, on croit manger du fumier de cheval. Est-ce que les asperges de vignes, en France, qui ne sont pas fumées, ne sont pas plus savoureuses que les asperges des jardins? Est-ce que les vins qui sortent des vignobles où il n'y eut jamais de fumier ne sont pas avec raison plus estimés que les autres? Est-ce que les fruits cueillis sur des arbres fumés avec des matières animales valent ceux des arbres nourris seulement de leur feuillage ou d'un paillis léger? Est-ce que les légumes des champs qui sont à peine fumés ne sont pas supérieurs en qualité aux légumes des maraîchers des villes?

Nous ne voulons pas proscrire les fumiers de ferme, bien entendu; mais nous voulons qu'on sache l'influence qu'ils exercent sur la qualité des produits. Le cultivateur trouve son intérêt dans la quantité plutôt que dans la qualité; soit; ceci le regarde. Moi, je trouve plus agréables, plus succulentes, les denrées nourries avec des terres rapportées, des herbes enfouies, des feuilles et des cendres, que celles nourries avec les fumiers de bêtes. Pourquoi donc ne le dirais-je pas? Pourquoi donc ne les rechercherais-je pas, ne les vanterais-je pas, ces denrées?

Maintenant, poursuivons comme si de rien n'était. Les engrais végéto-animaux sont, dans nos villages, les fumiers de cheval, d'âne, de mouton, de chèvre, de vache et de porc. Ces engrais n'ont pas les mêmes propriétés. Il y en a de chauds, il y en a de froids, selon que les animaux qui les font mangent vert ou mangent sec, boivent beaucoup ou ne boivent guère. La santé des bêtes et l'exercice qu'elles prennent ont aussi une grande influence sur la nature des fumiers. Les bêtes malades ne donnent jamais de bon fumier. Bêtes pauvrement nourries ne vous donneront aussi que pauvre fumier. Bêtes à l'étable ne donnent pas non plus d'aussi bon fumier que celles qui vont, viennent et fatiguent. Dis-moi ce que ta vache mange, si elle est bien ou mal portante, si elle prend de l'exercice, ou si elle rumine toute la sainte journée devant sa crèche, et je te dirai ce que son fumier vaut. Et ainsi pour ton cheval, ton âne, tes chèvres, tes moutons et tes porcs.

Tout animal qui vit d'herbe verte, d'herbe tendre, de racines, de lavures claires, de plantes cuites dans l'eau, rend un fumier frais ou froid.

Tout animal qui vit d'herbe sèche, de graines sèches, de son, de soupes au pain, rend un fumier chaud.

Ainsi, il peut se faire que tel animal nous donne, au printemps, du fumier froid et, en hiver, du fumier chaud. Ainsi, le fumier d'une vache qui vivrait de foin sec serait plus riche que le fumier d'un cheval mis au vert.

Quand vous donnez du seigle à moudre, le meunier ne vous rend point de la farine de froment, n'est-ce pas, Jean-Pierre?

— C'est vrai, monsieur Mathieu.

— Eh bien! les animaux, qui sont nos fabricants d'engrais, font comme le meunier; ils rendent selon la nature des vivres qu'on leur donne : bon pour bon, mauvais pour mauvais, sec pour sec, mouillé pour mouillé.

Le cheval du bon cultivateur fournit un meilleur fumier que le cheval du pauvre charretier; le cheval de roulier, qui fait dix ou douze lieues par jour, tire à plein collier et mange plus d'avoine à l'auberge que n'en mange le nôtre à l'écurie du village, donne le fumier le plus riche entre tous. Quand on parle de fumier d'aubergiste et de maître de poste, il n'y a plus qu'à tirer l'échelle. Et ce que je dis pour le cheval peut se dire pour l'âne et le mulet.

Voyons maintenant le parti qu'il faut tirer de chacun des engrais végéto-animaux. Cela dépend de ce qui entre dans leur composition.

Voici du fumier de cheval. Je me demande d'abord quelle a été la nourriture du cheval en question et sa litière. Vous l'avez mis au vert, son fumier retourne au pré; c'est tout naturel. Vous l'avez nourri avec du foin, de la paille hachée, de l'avoine, de l'eau de son ou de recoupes, du trèfle, de la luzerne, du sainfoin; vous lui avez donné de la paille de froment pour litière; donc, son fumier devrait, à la rigueur, être partagé entre la prairie qui a fourni le foin et les champs qui ont fourni la paille de froment, l'avoine, le son, le trèfle, la luzerne et le sainfoin. Mais comme il est rarement d'usage de fumer les prairies naturelles et artificielles en rapport, ce sont les céréales qui reçoivent presque tout. Les prairies en pâtissent, les luzernières finissent par appauvrir les terrains les plus riches; mais qu'importe : il y a encore bon nombre de cultivateurs qui soutiennent le contraire, en dépit de la raison et de l'évidence.

Voici du fumier de vache ou de bœuf. S'il vient des pâturages, rendez-le aux pâturages; s'il vient des prés à faucher, rendez-le aux prés; s'il vient des champs, rendez-le aux champs qui ont fourni à votre bête du trèfle, de la luzerne, de la paille d'avoine, de la paille de pois, de la paille de maïs, des balles de grains, de son, des raves, des carottes, des rutabagas, des betteraves. Mais distinguez entre le fumier provenant de la nourriture verte et des racines, et celui provenant de la nourriture sèche. Réservez le plus humide, le plus froid pour les terrains les plus calcaires, les plus secs, c'est-à-dire les plus brûlants.

Autrefois, quand la récolte des foins était terminée, le troupeau commun s'en allait, presque partout, dans les prairies fauchées, paissant, broutant les rejets, payant sa nourriture en fumant le sol. Aujourd'hui, chaque cultivateur se confine dans son coin, l'entoure de palissades ou de perches attachées à des pieux, défend au troupeau commun d'y passer et demande à Dieu une seconde récolte, un regain, comme on dit chez nous. Or, dans les pays où l'on ne fume pas les prés, c'est un jeu à se ruiner, je vous en préviens. Terre qui donne toujours et ne reçoit jamais court à une mauvaise fin.

Voici du fumier de moutons. En été, si vous les parquez ou les laissez brouter en liberté, ils rendent aux champs ce qu'ils leur prennent, ou à peu près. Jusqu'ici tout est bien. Mais à l'étable, le fumier des moutons change de qualité. Vous donnez peu de litière; en sorte que les urines et les excréments que vous laissez s'entasser pendant de longs mois, sans les sortir, forment un engrais très-infect et chargé de mèches de laine et de suint. Partout où vous le répandrez, vous obtiendrez une végétation vigoureuse; mais la qualité des produits délicats en souffrira. La pâte du froment fumé uniquement avec du fumier de mouton s'étendra et se rompra au four; les vignes fines, fumées de la même manière, donneront des vins sensiblement altérés; les légumes délicats emprunteront de l'âcreté et un mauvais goût à ce fumier. Mais, en revanche, comme il contient du soufre, il fera merveille sur les plantes qui en contiennent aussi, telles que les choux, la navette, le colza et la moutarde.

Le fumier de chèvre ne diffère du fumier de mouton qu'en ce qu'il ne renferme pas de débris de laine.

Voici du fumier de porc. Il est très-riche, disent les uns, et l'on a tort de le rebuter; il est très-pauvre, disent les autres, et l'on fait bien de ne pas y tenir. Eh! mon Dieu, ceux qui sont contre n'ont peut-être pas plus tort que ceux qui sont pour. Encore une fois, c'est une question de nourriture. Bon fumier de porc dans une ferme, mauvais fumier de porc dans une autre ferme, riche là, pauvre ici.

Si vous nourrissez votre porc avec des herbes cuites, des orties, des feuilles de bette, par exemple, et avec des eaux de vaisselle d'une maison où l'on fait maigre chère, votre fumier ne vaudra guère. Si, au contraire, vous le nourrissez avec des pommes de terre cuites, de la farine d'orge, du son, du petit lait et des eaux de vaisselle d'une maison où l'on fait grasse vie, votre fumier aura beaucoup de valeur, et vous pourrez l'employer avec avantage dans les sols calcaires, où prospèrent l'orge et les pommes de terre qui auront nourri l'animal. Si, au contraire, ce fumier n'est que le produit d'une chétive nourriture, vous ferez bien de le répandre sur des prairies sèches.

En résumé, ce qu'il importe de bien retenir, quant aux engrais, c'est qu'ils doivent être donnés aux sols qui ont fourni la nourriture aux bêtes. Le simple bon sens veut qu'il en soit ainsi; malheureusement, dans la pratique, il faut compter avec les habitudes prises. Or, dans nos campagnes, on a l'habitude de jeter tous les fumiers dans le même tas, à l'exception de celui des moutons. Il n'y a donc plus de distinction possible à l'époque des fumures. On coupe dans le tas avec la bêche et l'on court au plus pressé. Pourtant, il me semble qu'il serait raisonnable de ne pas confondre les fumiers de ferme l'un avec l'autre, et je crois qu'avec le temps et le raisonnement les cultivateurs se rangeront à mon avis. Ce n'est pas seulement la routine qui s'y oppose, c'est surtout la vanité. Un beau fumier, c'est une belle bague au doigt du paysan. Les gens qui entrent dans la cour ou qui passent devant, le regardent avec un air de jalousie et se disent : — « Voilà un fumier qui vaut gros d'argent. C'est haut, large, bien carré et bien troussé sur les bords. Voilà un fermier qui a du goût, qui entend son affaire et qui, peut-être, a une fille à marier. »

Un bon comme un mauvais cultivateur se devine presque, rien qu'à la tournure de son fumier. Notez que c'est là la base de l'agriculture, et qui néglige la base compromet le tout.

Cette vanité qui s'attache aux gros tas de fumier s'opposera longtemps encore à la séparation des engrais de qualités diverses. Cette vanité est telle, que pour obtenir l'apparence, vous voyez des cultivateurs qui s'attachent surtout à donner aux tas de la largeur et de la longueur. Quant à la hauteur, ils y tiennent moins. Tant pis pour eux.

— Et pourquoi cela, monsieur Mathieu? demanda Jean-Pierre.

— Parce que, répondit M. Mathieu, les pluies ont trop de prise sur les fumiers larges et bas; elles les délavent, les lessivent trop.

Voulez-vous, mes amis, qu'un fumier se fasse bien? Placez-le au nord, donnez-lui peu de largeur, beaucoup de hauteur, et abritez-le, si vous le pouvez, avec quatre arbres fourchus, des perches en travers, des fagots ou de la paille dessus. Si vous n'avez pas le moyen de faire ce hangar d'occasion, recouvrez votre fumier avec deux pouces de terre bien divisée et des fagots d'épines. La richesse du fumier ne s'en ira pas; le soleil ne le brûlera pas; les averses ne le noieront pas; les poules n'iront pas le gratter et le mettre sens dessus dessous pour y trouver des vers.

— Monsieur Mathieu, demanda Jean-Pierre, vous nous avez dit la manière de fumer les végétaux à racines traçantes et les végétaux à racines profondes; pourriez-vous nous dire à présent dans quel état les fumiers doivent être conduits aux champs? Est-ce au moment où ils ne sont que pailleux, ou lorsqu'ils sont tout à fait pourris, ou enfin lorsqu'ils ne le sont qu'à moitié?

— Lorsqu'ils sont pailleux, répondit M. Mathieu, il y a, selon moi, de l'inconvénient à les mettre en terre. L'eau des pluies emporte avec elle l'urine des animaux; la paille reste et ne se décompose pas facilement. Lorsqu'ils sont tout à fait pourris, ils agissent tout de suite, et souvent trop vite; en sorte que leur effet ne dure pas et qu'on les accuse de manquer de force. C'est un inconvénient pour les céréales. Je les préfère pourris à moitié seulement, quand la paille commence à se décomposer et à faire pâte avec les urines qu'elle éponge. C'est là le degré de pourriture auquel s'arrête longtemps le fumier, quand on a eu soin de bien fouler les couches avec les pieds et d'élever les tas. Je sais bien que ceci ne fait pas le compte du chargeur d'engrais et que, s'il est aisé de couper le fumier pourri avec un fer de bêche, la besogne devient pénible quand la décomposition n'est pas arrivée à ce point; mais que voulez-vous, le profit indemnise de la peine, et rien n'empêche de se servir d'un fourchet de fer au lieu d'une bêche.

— Est-il vrai, monsieur Mathieu, demanda Nicolas, qu'il est bon d'étendre le fumier pailleux devant la porte des étables?

— Oui, répondit M. Mathieu, parce que les bêtes le foulent, le pressent, le tassent, et que après cela la moisissure ou le blanc ne s'y mettent pas. Mais, quant à moi, j'aimerais tout autant entasser mon fumier dans un coin et le piétiner fort. Il ne moisirait pas davantage et ce serait plus propre... Tu n'as plus de questions à m'adresser, Nicolas?

— Non, monsieur Mathieu.

— Et toi, Jean-Pierre?

— Ni moi, monsieur Mathieu.

— Et vous autres, les amis de là-bas, qui ne dites rien?

Ils firent un signe de tête qui voulait dire *non*.

— Pour lors, bonne nuit et à demain la suite des engrais.

— A vous pareillement la bonne nuit, monsieur Mathieu, répondit Jean-Pierre.

VII

URINES ET EXCRÉMENTS

— On ne fait pas toujours litière de paille, de feuilles, de genêts ou de bruyères, selon les pays, pour recevoir les engrais des animaux, reprit M. Mathieu ; quelquefois, on les recueille tout bonnement à l'état d'urines et d'excréments, et l'on s'en sert à peu près comme ils viennent. Dans ce cas-ci, il faut en raisonner l'emploi comme dans les autres cas. Dis-moi ce que ta bête mange et je dirai ce que vaut son engrais, à quels sols et à quelles plantes il convient.

La vache et le bœuf, qui sont au pâturage, rendent à ce pâturage, sous forme d'urines et de bouses, ce qu'ils lui empruntent sous forme d'herbe. Rien de mieux. Les brebis et les chèvres qui vont par les champs font la même restitution, sous la même forme ; rien de mieux encore. Mais il y a des vaches et des bœufs qui ne pâturent point, qui mangent à la crèche ou au râtelier, dans des étables pavées et blanchies comme des maisons de riches paysans. Et, dans ces étables, vous voyez ou des planchers à claire-voie, ou des rigoles en pierre de taille, qui vont en pente légère au dehors et mènent les urines dans des citernes ou puisards. Voilà l'engrais liquide. Q'en faire? — L'étendre d'abord de quatre à cinq fois son volume d'eau ordinaire, l'affaiblir, car s'il était plus lourd que la séve, il ne monterait pas dans les plantes ; le mettre ensuite dans des tonneaux d'arrosage, et le conduire en mars dans les prés, si les vaches ont vécu de foin pendant l'hiver ; dans les luzernières en automne, si elles ont vécu de fourrage de luzerne ; dans les trèfles et les sainfoins au printemps, si elles ont vécu de sainfoins ou de trèfle ; dans les champs qui ont donné les rutabagas, les betteraves ou les carottes, si les vaches ont mangé copieusement de ces racines. La loi de nature veut qu'il en soit ainsi, et cette loi est la bonne, ne l'oublions pas.

L'urine des animaux, soit qu'on la recueille dans des puisards, soit qu'on la prenne à l'état d'eau de fumier, dans les cours de nos villages, est sans contredit un bon engrais ; mais je voudrais que l'on ne s'en servît que pour arroser les prairies naturelles et artificielles, car elle pousse trop à la feuille. J'aime mieux le fumier de litière pour les champs, vu que la paille forme un terreau végétal avec le sol, que ce terreau donne du prix aux champs et y entretient une humidité tiède qui préserve les plantes du mauvais effet des grandes sécheresses. Pas de paille, ni de feuilles, ni d'herbe dans les engrais, pas de terreau, pas d'humus dans les champs, pas de préservatif pour les racines dans les trop grandes chaleurs, pas de réservoir de fraîcheur.

Dans les sols à fourrages, il y a toujours assez de feuilles pourries à la surface pour former un terreau frais ; c'est pourquoi les urines de vaches et les eaux de fumier leur conviennent tant.

L'urine de cheval et l'urine de l'homme, qui sont des engrais d'une grande richesse, ne sont pas recueillies isolément pour les besoins de l'agriculture. L'une contribue à former le fumier de l'écurie ; l'autre est presque toujours perdue dans nos villages, quand on pourrait la recevoir chaque jour dans un baquet et en arroser des tas de terre et des tas de boues qui, ensuite, feraient merveilles dans tous les sols et sur toutes les récoltes. Avec l'urine perdue dans chaque ménage et des tombereaux de terre épuisée pour la recevoir tous les matins et l'éponger, on fumerait richement plus d'un hectare de terre par année. Je sais bien que d'aucuns la jettent sur le fumier et s'imaginent bien faire. Je crois, moi, qu'ils font mal. Le fumier, ainsi bien arrosé, fermente plus vite, pourrit plus vite : voilà tout. Et, alors même que cela n'arriverait pas, pourquoi enrichir des engrais assez riches déjà, au lieu d'en augmenter la quantité pour rendre la répartition plus commode ? J'aime mieux deux mètres cubes de fumier ordinaire qu'un seul mètre cube de fumier très-puissant, car il est plus aisé de répandre deux qu'un sur un champ.

J'arrive maintenant aux excréments animaux utilisés sans litière. Ce sont les matières fécales de l'homme, le crottin de cheval, la bouse de vache, et enfin les colombines de pigeons, de poules, d'oies et de canards.

Les matières fécales de l'homme, quand elles sont fraîches et délayées dans les eaux-vannes des fosses d'aisances, portent le nom de *courte-graisse* ou bien encore d'*engrais flamand*. Quand elles sont sèches et pulvérisées à main d'homme, elles portent le nom de *poudrette*.

Si l'homme ne vivait que d'herbes, de racines, de fruits la courte-graisse et la poudrette auraient moins de force qu'elles n'en ont ; mais, en revanche, elles auraient des qualités qu'elles n'ont pas : par exemple, elles ne communiqueraient pas aux végétaux une saveur quelquefois insupportable. Un cultivateur exercé distinguera facilement un produit obtenu avec des matières fécales, d'un autre produit obtenu avec des herbes enfouies ou des fumiers de ferme. Mâchez du blé venu dans la poudrette et du blé venu dans les cendres, et vous n'aurez pas de peine à reconnaître l'engrais dans le grain. De même que nous ne mangeons pas volontiers les animaux qui vivent de chair, de même aussi les plantes ne mangent pas volontiers les excréments des animaux qui suivent ce régime. Faites donc de l'engrais avec des excréments de bêtes féroces et d'oiseaux de proie, et vous verrez ce que vaudront pour le goût les plantes nourries avec cet engrais.

Ce sont la gadoue et la poudrette qui, de tous les engrais, altèrent le plus les produits de la terre. Ils ont compromis, pour toujours peut-être, les cultures des environs de Paris. Buvez les petits vins des environs de Paris, vous leur trouverez une détestable saveur de gadoue. Mangez des pois venus dans ces vignobles, vous trouverez la même saveur. Mangez n'importe quelle denrée nourrie de gadoue et de poudrette, et vous n'aurez pas lieu d'être satisfaits, pour peu que vous ayez le palais fin. Fumez, enfin, ou prisez du tabac nourri avec de la gadoue, et vous vous croirez dans une atmosphère infecte de fosse d'aisances. Ce n'est point là le seul désavantage attaché à la gadoue et à la poudrette; elles ont, en outre, celui de tous les engrais qui ne sont ni pailleux, ni herbeux, ni feuillus. Elles ne font pas d'humus, ne laissent rien sur le sol après la récolte, ne l'améliorent point.

La poudrette est un véritable engrais de fermier à court bail. Elle donne beaucoup de grains; ces grains se vendent comme s'ils étaient d'une qualité supérieure; c'est donc tout profit pour le fermier. Puis, quand il sort de la ferme, les terres qu'il laisse valent tout au plus ce qu'elles valaient lorsqu'il les a prises a bail, puisque chaque moisson a enlevé tout l'engrais. Ceci ne regarde que le propriétaire. Voila pourquoi les fermiers sont en général très-partisans de la poudrette. Ceux qui cultivent leur propre fond et ceux qui consomment, n'ont pas les mêmes intérêts que les fermiers sur ce point.

Je ne vous conseille point pour cela de ne pas tirer parti des matières fécales; mais commencez par les désinfecter avec du poussier de charbon de bois, de la couperose verte, dissoute dans de l'eau, ou des terres brûlées, et ne vous en servez qu'à l'état de mélange avec d'autres engrais et dans les terrains froids.

Le crottin de cheval, que les pauvres gens ramassent à la brouette ou au panier dans les rues de village ou sur les grandes routes, n'est pas un engrais de valeur. Il est recherché seulement pour la culture des fleurs délicates.

La bouse de vache est également peu recherchée. Cependant, dans quelques localités pauvres, on la fait ramasser sur les chemins par les enfants, on la roule dans de la terre et on l'emploie dans les champs. Autre part, on la fait sécher et on la brûle au foyer comme de la tourbe. Si, encore, on rendait les cendres aux prairies, nous ne trouverions pas à redire sur cet usage; mais il y a gros à parier qu'on ne les rend point.

A présent, mes amis, je veux vous dire un mot des excréments de volaille, que vous connaissez sous le nom de *colombine*.

Les pigeons, qui vivent de grains secs, froment, avoine, orge ou vesce, fournissent la colombine de qualité supérieure. Elle vient des champs; elle doit retourner aux champs. D'aucuns la recommandent pour les vignes; ils ont tort, soit dit sans vouloir offenser la mémoire d'Olivier de Serres.

Les poules, qui vivent de grains secs également, mais aussi de petits vers, fournissent une colombine inférieure à la première en qualité.

Les canards et les oies, qui vivent d'herbe, de vers, de petits poissons, d'insectes de marais, de substances boueuses, humides, puantes, fournissent une colombine détestable.

Pour la volaille, comme pour la bête d'étable, la qualité de la nourriture fait la qualité du fumier.

Dans certaines contrées éloignées, au Pérou, par exemple, on a découvert des amas considérables de colombine d'oiseaux sauvages. Ces amas sont vieux comme le monde. C'est ce que le commerce nous vend sous le nom de *gúano*. Je ne vous ferai pas l'injure de vous dire qu'on ne le vend pas en Europe tel qu'on le retire du Pérou ; ce serait vous prendre pour de gros ignorants. Vous savez aussi bien que moi ce qui arrive aux denrées qui passent par les mains de certains commerçants. Vous les voyez entrer par une porte, vous ne les reconnaissez plus quand elles sortent par l'autre porte. Le bon guano du commerce a eu beaucoup de vogue dans ces derniers temps; mais les cultivateurs de céréales et de lin commencent à s'en plaindre. On ne doit pas l'employer pur; il convient de le mélanger d'abord avec des cendres.

Je ne vous conseille pas d'utiliser la colombine lorsqu'elle est fraîche; son odeur déplait aux végétaux. Laissez-la donc vieillir et sécher.

VIII

ENGRAIS ANIMAUX PROPREMENT DITS.

Tiens, Jean-Pierre, continua M. Mathieu, pendant que nous y sommes, finissons nos engrais; ce n'est pas la peine de remettre à demain pour cela.

— Comme vous voudrez, monsieur Mathieu; nous ne demandons pas mieux, nous autres.

— Puisqu'il est dans l'ordre des choses que tout ce qui a été nourri par la terre retourne à la terre, il est évident que les animaux eux-mêmes doivent lui être restitués et que, partant, la chair, les os, le sang, les intestins, la laine, les poils, les plumes, la corne, les sabots, les ongles des animaux doivent agir comme engrais. Mais ce sont là des engrais exceptionnels, très-forts, très-puants, pour la plupart difficiles à manier, difficiles à répartir sur la terre, et sur lesquels un fermier ne compte pas d'habitude pour assurer la venue et la réussite de ses récoltes.

5.

Le meilleur moyen d'employer la chair et le sang comme engrais, consiste à les dessécher dans des étuves et à les mettre en poudre. Mais il est à craindre que cette poudre de chair ou de sang attire les rats. Quelquefois, on fait pourrir ces substances dans la terre avec de la chaux vive; mais, durant la décomposition, il faut veiller à ce que les loups et les chiens ne les déterrent pas. Les animaux, enfouis tout entiers au pied des arbres, les relancent, leur rendent une vigueur perdue; mais au bout de quelques années, ces arbres meurent.

Les os broyés, moulus et répandus sur les terrains froids, donnent d'excellents résultats. Les os calcinés en plein air et jetés sur les fumiers froids, les améliorent considérablement. Les os convertis en noir animal et employés au raffinage des sirops, sont ensuite vendus comme un excellent engrais. C'est une branche importante du commerce de la ville de Nantes. Le noir réussit fort bien dans les sols nouvellement défrichés de l'ouest de la France, sans doute parce qu'il introduit dans ces sols des sels de chaux qui ne s'y rencontrent pas. Il donnerait probablement aussi de bons résultats dans les défriches du Luxembourg belge. A la suite d'une longue culture, il pourrait arriver que le noir n'eût plus d'effet.

La laine est un bon engrais animal qui réussira partout où réussit le fumier de mouton. Une fumure en chiffons de laine, coupés, hachés menu, ne coûte guère plus qu'une fumure ordinaire.

Les plumes de volaille et les poils d'animaux, jetés sur les fumiers, les enrichissent et font du bien à la terre qui les reçoit.

La corne des vaches, les sabots des chevaux, les ongles des bêtes ont aussi une grande force comme engrais. J'estime surtout la corne des sabots de chevaux, que l'on ramasse à la porte des ferreurs. Mêlée à la terre, elle devient une fumure excellente pour les orangers et pour les arbrisseaux des jardiniers fleuristes. Dans le midi de la France, on en fait une grande consommation.

IX

CENDRES DES VÉGÉTAUX ET SUIE.

Quand les végétaux fournis par la terre sont brûlés, nous sommes redevables de leurs cendres à cette terre nourricière.

Les paysans qui moissonnent haut, laissent de longues éteules aux champs et y mettent le feu en des jours de vent, font de la bonne besogne. Non-seulement ils rendent de l'engrais au sol, sous forme de cendres; ils détruisent en même temps beaucoup d'insectes.

Les paysans qui donnent aux arbres vivants une partie de la cendre des arbres morts, font bien.

Les vignerons qui rendent à leurs vignes les cendres des ceps ruinés et du sarment taillé, font bien aussi.

Les cultivateurs qui, après avoir arraché leur chanvre ou récolté leurs pommes de terre, mettent le feu aux fanes et aux mauvaises herbes, puis éparpillent les cendres un peu partout, font également bien.

Cependant, je ne vous conseillerai point de pousser votre estime pour la cendre jusqu'à imiter ces vieux Gaulois et certains cultivateurs de la Charente-Inférieure, brûlant leurs fumiers et rendant les cendres au sol.

Les personnes, enfin, qui mettent la suie au pied de leurs arbres donnent au bois ce qui sort du bois, et, à ce titre, elles ont raison. Ce que la cendre n'a pu rendre, la suie le rend.

Cendres vives pour les vergers et les luzernières en automne. — Cendres vives et un peu de plâtre pour les prés au printemps. — Cendres lessivées pour les terres argileuses. — Où la chaux réussit, les cendres réussissent. Retenez bien ceci.

— Monsieur Mathieu, dit Jean-Pierre, savez-vous qu'en voilà bel et bien de ces engrais. Il n'y a, Dieu me pardonne, qu'à se baisser pour en prendre.

— Oui, mon garçon; mais je fais le reproche aux cultivateurs de ne pas se baisser assez souvent. Quand je leur dis : Mais malheureux que vous êtes, ne perdez donc pas ceci, ne perdez donc pas cela; ces balayures, ces malpropretés, ces eaux d'évier qui puent sous vos fenêtres, ces eaux de fumier qui courent les rues en temps de pluie, ces cendres qui se perdent, cette suie qui se délaye sous les gouttières, ces feuilles que le vent chasse, cette boue qui vous crotte jusqu'aux jarrets, tout cela, bien soigné, bien arrangé, vaudrait de l'argent, payerait ou le loyer, ou l'habillement, ou les intérêts à l'usurier, — ils me répondent : — Ma foi, monsieur Mathieu, vous avez peut-être raison; mais ce n'est point l'habitude dans le pays et l'on a son ouvrage ailleurs. — Là-dessus, je me fâche et je réplique :

— Ce n'est point non plus l'habitude, dans le pays, de joindre les deux bouts à la fin de l'année, de mettre quelques sous de côté, de bien se vêtir, de manger à son appétit, de boire de la bière ou du petit vin à sa soif, de payer ses dettes, de donner de l'instruction à ses garçons et à ses filles?

— Quant à cela, disent-ils, c'est tout d'même la pure vérité.

Et moi de me radoucir et de reprendre :

— Puisque vous reconnaissez que c'est la pure vérité, pour Dieu, quittez donc vos mauvaises habitudes et prenez-en qui soient bonnes !

— On fera son possible, monsieur Mathieu, répondent-ils.

Et ils ne font rien.

— Que voulez-vous, monsieur Mathieu, dit Jean-Pierre, il faut quelquefois avoir une rude dose de patience avec les gens comme nous autres.

— Nous nous en tiendrons là pour ce soir, mes amis ; et maintenant que nous connaissons la terre qui produit, les labours qui l'aident à produire et les engrais qui lui remboursent ce qu'elle prête, il ne nous reste plus qu'à semer, planter, entretenir et récolter. Mais pour le moment, notez-le bien, je ne vous parlerai ni de la vigne, ni des vergers et jardins, ni du bétail, ni des industries agricoles ; ce sera pour plus tard. Il s'agit pour nous, à cette heure, uniquement de la grande culture, c'est-à-dire de savoir comment on doit s'y prendre pour produire les céréales, les racines, les légumineuses pour la table, les plantes pour fourrages, les plantes qui donnent des couleurs et enfin les plantes textiles.

— Pour lors, monsieur Mathieu, à demain la continuation, et bonsoir à la compagnie.

X

SEMIS, PLANTATIONS ET RÉCOLTES.

Céréales.

— A cette heure, commença M. Mathieu, nous voici dans la pratique jusqu'au cou, et là-dessus, mes amis, vous en savez presque aussi long que moi. Cependant, comme les manières de faire changent avec les pays, vous trouverez peut-être quelquefois du neuf et du bon dans les choses que je vous dirai.

— Mais, monsieur Mathieu, fit remarquer Jean-Pierre, le moment des labours, des semailles et des récoltes n'est pas non plus le même partout. Dans le Midi, les paysans sont en avance sur nous, et ici, nous sommes en avance sur le Nord.

— C'est juste, Jean-Pierre ; mais comme il n'est pas commode de donner du contentement à tout le monde, nous ne prendrons nos époques ni dans le Midi, ni dans le Nord : nous suivrons la ligne du milieu.

— C'est entendu; les méridionaux en rabattront, et ceux des pays froids en ajouteront.

Froment. — Nous commençons par les céréales, qui sont la fondation de l'agriculture. Les unes nourrissent les gens, les autres nourrissent les bêtes. Pas de céréales, pas de pain et pas d'avoine, c'est-à-dire pas d'hommes et pas de chevaux, ou approchant. Le froment, mon ami Jean-Pierre, ne s'accommode pas de tous les terrains. Ceux qui sont très-légers, très-calcaires, très-brûlants et n'ont pas de profondeur, ne lui conviennent point; il y pousse néanmoins, mais chétif, rabougri, de sorte que la récolte ne rembourse pas les frais de culture. Il faut, au froment surtout, des terrains consistants, d'une certaine richesse, qui soient frais, argileux, et qui contiennent soit du sable siliceux, soit des morceaux de pierre à fusil, soit de la poussière de grès ou de granit; en un mot, tout sol de qualité ordinaire qui use vite les fers de charrue est un excellent sol à froment. Il y pousse bien, n'y verse point, rend une paille solide et du grain qui a du poids, de la blancheur et de la délicatesse. Il y a, je le sais, des terrains fort riches qui ne sont ni argileux, ni siliceux, et qui pourtant donnent des froments d'une apparence magnifique. Oui; mais au moindre coup de vent ils versent; et puis le grain et la paille n'ont jamais le poids de la paille et du grain venus en terre argileuse et siliceuse.

Si, pour le froment, il y a un choix à faire dans les sols, il y a aussi un choix à faire parmi les engrais. Aux terres argileuses et froides vous donnerez avant tout le fumier de cheval, les cendres des végétaux, la chaux, les terres calcaires de route qui auront été arrosées d'eaux de lessive et de savon, et, enfin, des terres cuites, si vous en avez. Une fumure composée de moitié fumier de cheval et moitié cendres lessivées, ou moitié terres de route, donne d'excellents résultats. Nous connaissons des cultivateurs qui mettent une année du fumier et, au bout de trois ans, des cendres, quand la rotation ramène le froment sur le même terrain.

Si vous voulez semer en terre calcaire, vous emploierez le fumier de vache ou de porc, ou bien vous enfouirez une récolte verte, ou vous romprez un trèfle.

Si vous voulez semer en terre schisteuse, sablonneuse, siliceuse ou granitique, vous chaulerez plusieurs mois d'avance et fumerez au moment des semailles.

Il y aurait mieux à faire encore quant à la fumure. Cette nature de terre use vite l'engrais, c'est-à-dire le laisse passer, en temps de pluie, comme un filtre. Donc, on se trouverait bien de le lui donner en deux fois, au moment des semailles d'abord, au moment de la pousse du printemps ensuite.

Si vous voulez semer en terre franche, extrêmement riche, ajoutez ou du sable de rivière, ou des cendres, ou du laitier au fumier de cheval. Autrement, votre froment versera.

Le froment veut une terre bien façonnée. Dans le système de la jachère, vous donnerez trois coups de charrue aux terrains argileux avant les semailles ; vous en donneriez quatre, que les choses n'en iraient que mieux. Mais quand vous semez sur un trèfle ou après une récolte de navette, de fèves, de colza, de pommes de terre, un seul coup de charrue suffit.

Une bonne récolte en froment ne dépend pas seulement du sol, du climat, du labourage et de l'engrais ; elle dépend aussi de la qualité de la semence. Les graines malades, épuisées, fatiguées, ne sauraient donner des tiges et des épis bien portants, pas plus que des gens usés, poitrinaires, ne sauraient engendrer des Hercules. Dans la grande famille des plantes, aussi bien que dans la grande famille des hommes, les enfants héritent des pères et mères. Tant mieux pour ceux qui ont la santé, tant pis pour ceux qui ont les maladies. Choisissez donc bien votre semence.

Avant de semer, il y a des cultivateurs qui préparent leurs graines avec de la chaux, ou avec de l'arsenic, ou avec du vitriol bleu, ou enfin avec du sel de cuisine et du sulfate de soude, pour empêcher la carie de se mettre dans leurs épis. Il y en a d'autres qui ne préparent pas leurs graines ainsi et ne s'en trouvent pas plus mal; la carie ne touche pas plus à leurs froments qu'à ceux qui ont été chaulés, arseniqués, vitriolés et salés.

Les froments qui ont été trempés pendant vingt-quatre heures dans l'eau de chaux germent et poussent plus vite que les autres, j'en conviens, et je suis assez partisan d'une pousse rapide; mais je n'ai pas besoin d'eau de chaux pour l'obtenir : l'eau claire me suffit pour préparer le grain à la germination.

On sème le froment à partir de la deuxième quinzaine de septembre jusqu'aux approches de la Saint-Martin, qui est le 11 novembre. Les derniers venus sont souvent les meilleurs; mais, en semailles, il n'est pas commode de choisir ses jours et ses heures; on les prend comme ils viennent. Quelquefois, vous gagnez à attendre; mais si les pluies viennent, si le mauvais temps ne discontinue point, comment ferez-vous vos semailles en terres argileuses?

On met par hectare de terre de 180 à 240 litres de semence, le moins pour les sols légers, le plus pour les sols argileux. Plus vous semez tôt, moins il faut de graines; plus vous semez tard, plus il en faut. Dans le premier cas, le froment talle beaucoup; dans le second cas, il ne talle guère.

Mathieu de Dombasle, qui s'y connaissait, recommandait de semer plutôt sur un labour de trois semaines à un mois, que sur un labour frais, et il donnait le conseil de herser d'abord, de semer ensuite, de recouvrir la semence avec un trait d'extirpateur et de finir par un second hersage. Dans beaucoup de localités, on s'y prend différemment, vous le savez; on étend l'engrais, on sème dessus et l'on retourne la semence avec un coup de charrue. Mais moins on donne de fer, mieux vaut la besogne. Le froment demande à être recouvert d'un pouce de terre au moins, de deux ou trois pouces au plus. Dans les terres légères on ferait bien de s'y prendre ainsi. La plante aurait le pied plus solide et résisterait mieux aux soulèvements de terrain pendant l'hiver.

Dans certains pays, on dépense beaucoup de temps et beaucoup de peine à briser les mottes des champs. Trop de grosses mottes ne valent rien, mais il ne faut point courir d'un extrême à l'autre. Les petites mottes, à mon avis, ont leur mérite. D'abord, elles maintiennent la neige contre les coups de vent et préservent ainsi les froments des atteintes du froid ; elles se défont, se délitent par les gelées et rechaussent les racines qui pourraient être à découvert. Emottez au printemps, soit ; mais n'émottez pas avant l'hiver.

Quand votre froment lève et pointe vigoureusement, visitez-le souvent, ne le négligez pas. Prenez garde aux flaques d'eau, retouchez les raies, ménagez des pentes, faites de nouvelles saignées à la houe, s'il en est besoin. Et puis, arrangez-vous de façon à trouver en novembre et en décembre quelques instants pour réparer les fossés qui avoisinent vos emblaves, pour en creuser de nouveaux, et aussi pour pratiquer des tranchées couvertes.

Au commencement du mois de mars, ou en avril, quand les froments ont souffert pendant l'hiver, ou quand la fumure d'automne a été très-légère, on peut fumer au-dessus avec des terres rapportées ou des cendres, et d'aucuns ajouteront avec de la poudrette.

Dans ces mêmes mois de mars et d'avril, vous ferez bien de rouler les froments en terre légère et de herser vigoureusement les autres en terre forte. N'ayez pas peur d'en arracher quelques touffes, il n'y paraîtra point.

Dans certaines contrées où la main-d'œuvre n'est pas rare, on bine en avril ; partout, ou presque partout, on échardonne en mai. Plus tôt, les chardons repousseraient ; plus tard, les tiges les ressemeraient. Ici, ce sont les femmes et les enfants qui échardonnent avec de vieux couteaux ; ailleurs, on se sert d'un outil à long manche, qui se termine par une petite lame en fer de bêche ou faiblement contournée en fer de houlette, et, sans se courber, sans fouler l'herbe des billons, on coupe les chardons entre deux terres. Chez nous, on enlève les chardons du champ; c'est du temps perdu : laissez-les donc pourrir où ils sont nés, ou bien, ce qui vaudrait mieux, faites-les cuire pour la nourriture des vaches ou des porcs.

On sème en automne deux variétés de froment, le fin et le gros, celui que nous appelons ordinaire et celui que nous appelons le blé barbu. Ce dernier est moins difficile que l'autre sur le choix du sol; il prospère surtout dans les terrains bas et un peu humides.

Le froment que l'on sème en mars est, à ce qu'on dit, le même que celui que vous semez en automne; mais il devient plus petit, plus blanc, à la longue. C'est du blé ordinaire dégénéré sensiblement. Les semailles de mars demandent un sol bien labouré avant l'hiver. On récolte moins qu'avec le blé d'automne.

C'est au mois d'août que les froments mûrissent et que le cultivateur y passe la faucille ou la faux. Puis, l'on engrange les gerbes, ou bien on les met en meules le plus près possible de la maison d'exploitation. J'aime mieux les gerbes en meules qu'en grange. Les souris, les mulots ne touchent qu'au premier lit, tandis que dans les habitations, le ravage est considérable; toutes les gerbes qui avoisinent les murs sont attaquées. Vous noterez aussi qu'en meules, le grain se conserve mieux que renfermé.

Quand un hectare de terre à froment rend dix-huit hectolitres de grain, il ne faut pas se plaindre; quand il en rend vingt-quatre ou vingt-cinq, il y a de quoi se réjouir; cependant, il y a des terrains exceptionnels qui fournissent jusqu'à trente hectolitres et plus; mais augmentation de volume amène presque toujours diminution de qualité.

La moisson faite, les gerbes en meules ou en grange, on songe au battage vers le mois de novembre. Le moment des échéances arrive et l'hiver retient le paysan dans sa maison. Il faut se créer de la besogne et faire de l'argent, comme on dit.

Il y a plusieurs manières de battre le blé. Dans le midi de la France, dans l'Ariége par exemple, on dresse les gerbes les unes contre les autres; on forme une aire d'épis, et les mulets, les chevaux marchent sur la tête de ces gerbes pour les égrener. Dans le Midi aussi, on bat le grain sur le champ même. En se rapprochant du Nord, on se sert communément du fléau, de la machine à bras d'homme, si bien nommée par nos paysans *fluxion de poitrine*, de la machine à manége, de la machine établie d'après le système de celle à draguer, et enfin du battoir à vapeur, le plus moderne et le plus expéditif de tous. En Belgique, dans certaines localités de l'Ardenne, vous verrez encore pratiquer le battage primitif, qui consiste à frapper les épis sur un large billot.

EPEAUTRE. — L'épeautre, continua M. Mathieu, est une espèce de froment dont la culture n'est pas très-répandue, mais qui a le double mérite d'être robuste, de ne pas trop attirer les oiseaux, vu que les balles tiennent fort aux grains. Cette céréale convient aux climats rudes et aux terrains froids qui avoisinent les bois, lorsqu'on veut en récolter les épis. Assez souvent, on la fauche en vert; elle a de la valeur comme fourrage et pousse très-touffue. En Belgique, on lui accorde une belle place dans les cultures; on sème les variétés blanche et rouge ; cette dernière est la plus robuste. On fait avec l'épeautre du pain excellent, mais qui sèche vite. Cette céréale entre dans la fabrication de la bière, avec l'orge et le froment.

SEIGLE. — Vous savez le dicton, reprit M. Mathieu : *Sème les froments en terre boueuse et les seigles en terre poudreuse*. Il y a du vrai là dedans. S'il n'est pas nécessaire de semer les froments dans la boue, toujours est-il que, dans certains sols, ils n'en souffrent guère. Quant aux seigles, la terre poudreuse leur convient; c'est évident. Terre à seigle, terre légère, pauvre terre, maigre terre presque toujours. Ce n'est pas que cette céréale fasse fi des bons terrains : on ne les lui donne pas ailleurs que sous les climats froids, voilà tout ; on la réserve au calcaire, au sable, aux bruyères essartées, au schiste, au granit. Il est utile, toutefois, de soigner la culture du seigle, de lui consacrer deux ou trois labours préparatoires et de ne semer que sur une terre labourée depuis un mois ou six semaines, en se servant de la herse et de l'extirpateur. Il convient, en outre, de ne pas ramener souvent le seigle à la même place.

Beaucoup de cultivateurs retournent la semence avec la charrue, passent le rouleau sur les billons, roulent encore vers la fin de mars ou au commencement d'avril, et ne s'en trouvent pas mal. En Belgique, on enterre à la herse.

Les engrais dont s'accommode volontiers les seigles, sont le fumier de vache, le fumier de porc et les terres rapportées. — On sème à peu près aussi dru que pour le froment.

Le seigle sert à plusieurs fins. Il est recherché comme fourrage vert très-précoce ; il est recherché pour sa paille, qui sert à couvrir l'habitation du pauvre, à empailler les chaises et à faire des liens. En Belgique, on en fait litière et on la donne à manger aux bêtes, bien qu'inférieure, sous ce rapport, à la paille de froment et d'avoine. Enfin, sa farine, qui jouit de propriétés purgatives, sert à faire un pain moins nourrissant que le pain de froment, mais d'une saveur qui plaît à beaucoup de personnes. A Paris et en Angleterre, on fabrique avec la farine de seigle des petits pains de luxe pour prendre le thé. Enfin, en Belgique, on l'emploie pour la fabrication du *genièvre*.

Il existe une variété, connue sous le nom de *seigle de la Saint-Jean*, que l'on sème au mois de juin, dans les terrains de qualité ordinaire, et qui donne, en automne, un excellent fourrage vert. On le fauche, ou on le fait pâturer à l'entrée de l'hiver. Au printemps, la végétation reprend son activité et rend presque toujours une abondante récolte de grains.

Inutile de vous dire, en terminant, qu'on ne bat point le seigle comme le blé dans les pays à toiture de chaume. Le fléau ne doit porter que sur les épis, attendu que la paille n'a de valeur qu'autant qu'elle n'est point broyée.

ORGE D'HIVER OU ESCOURGEON. — C'est l'espèce la plus robuste. Elle est d'un meilleur rapport que l'orge d'été ; mais comme les grands froids et l'humidité qui dure lui sont souvent nuisibles, il y a des chances de non-réussite à courir. Un terrain de nature calcaire, bien préparé, bien ameubli par plusieurs labours et de quelque profondeur, est favorable à l'orge d'hiver.

Vous semez environ 200 litres de graine par hectare, vers la mi-septembre. Si c'est pour récolter en fourrage vert, vous fauchez au printemps, une quinzaine de jours avant les trèfles, puis vous plantez des pommes de terre à la place.

Nous avons, dans la plupart de nos campagnes, la mauvaise habitude de semer une céréale après une céréale, orge ou avoine, immédiatement après le froment. Il faudrait se défaire de cette habitude, car les céréales vivent à peu près toutes de la même nourriture, et quand l'une a poussé quelque part, celle qui suit ne trouve plus que les miettes, fait carême et épuise complétement le sol. Si vous tenez à bien réussir, placez l'escourgeon après un colza, ou après des vesces, ou après d'autres récoltesenlevées de bonne heure.

ORGE D'ÉTÉ. — Où prospère l'escourgeon, l'orge d'été prospére aussi; mais il est rare qu'on lui consacre de bons terrains. On la relègue ordinairement dans les terres à seigle, pauvres et maigres terres calcaires ou siliceuses, la plupart du temps. Aussi, dans les années pluvieuses, l'orge d'été présente une certaine vigueur de végétation, tandis que dans les années de sécheresse, elle fait peine à voir, tant elle est courte. C'est à ne pas trouver la place du lien pour gerber les javelles. En Bourgogne, on dit : *Mauvaise orge, bon vin.* Il y aurait pourtant moyen de faire mentir quelquefois le dicton, en semant l'orge d'été dans des sols légèrement argileux, ayant de la profondeur, ou en fumant copieusement les terrains calcaires avec du fumier de vache et surtout du fumier de porc. On néglige beaucoup trop cette culture.

Vous pouvez semer en mars la grande orge plate, à deux rangs, car elle n'est pas très-sensible aux gelées de printemps, et ne pousse pas aussi vite que les autres variétés. Quant à la petite orge à quatre rangs, qui ne vaut pas la précédente pour le rapport, le poids et la grosseur du grain, on la sème toujours en avril. Il y a une orge à six rangs, de très-bonne qualité, appelée communément *blé d'Egypte*, espèce hâtive, que l'on peut semer pendant la seconde quinzaine de mai. Cette orge est vantée par Mathieu de Dombasle, qui assure qu'avec un quart de sa farine et trois quarts de farine de froment on fabrique de l'excellent pain. Comme les barbes et l'épi tombent quand la plante est mûre, la paille du *blé d'Égypte* peut être utilisée comme nourriture pour le bétail.

La semence des orges demande à être enterrée plus profondément que celle du froment. Il faut aussi en répandre davantage.

Non-seulement les orges sont très-précieuses pour l'amélioration du bétail et de la volaille, les brasseries leur offrent en outre un débouché assuré.

Avoine. — Règle générale, plus une plante se développe vite et acquiert de poids, plus elle épuise un terrain. L'avoine est dans ce cas-là. Elle met moins de temps à pousser et à mûrir que n'en met le froment; ses gerbes sont plus blondes aussi que celles du froment, par conséquent, elle doit épuiser davantage le sol. C'est ce qui a lieu; et pourtant, nous avons dans beaucoup de localités la mauvaise habitude de semer l'avoine après le froment, sans même rendre aux champs ce qu'ils ont dépensé pour la nourriture de la précédente récolte. De la sorte, nous ruinons nos terres et diminuons notre produit.

Voulez-vous de bonnes et riches avoines, semez-les sur une défriche de bois ou de bruyères, sur un pré rompu, sur une prairie artificielle retournée et après un seul labour, ou bien sur des terrains qui ont porté des récoltes sarclées. Dans ce cas, il faut autant que possible choisir des terrains argileux et leur donner un labour avant l'hiver. Sans doute, ce labour favorisera la pousse des mauvaises herbes, en même temps que la pousse de l'avoine. On en sera quitte pour les arracher.

L'avoine est une plante robuste, la seule des céréales qui ne craigne point l'acidité du sol et ne soit pas difficile sur la culture. En France, on la sème en février et dans les premiers jours de mars, à raison de trois ou quatre cents litres par hectare. En Belgique, dans l'Ardenne, on sème six semaines plus tard, à raison de de cinq, six, sept cents litres et plus par hectare, afin d'avoir de la paille tendre pour fourrage. Le grain se trouve ainsi sacrifié. Quand on peut donner de l'engrais à l'avoine, on doit choisir le fumier de cheval, ou des pailles de navette et de colza, broyées et pourries dans de l'eau de fumier.

On cultive plusieurs variétés d'avoine : 1° l'avoine commune ; 2° l'avoine noire de Hongrie, dont les grains serrés occupent un seul côté de la tige ; 3° l'avoine blanche de Hongrie, qui donne plus de paille que la précédente et réussit mieux : 4° l'avoine-patate d'Angleterre, qui a le grain court, blanc et pesant ; 5° l'avoine de Géorgie et diverses autres variétés.

On récolte l'avoine après le froment et l'orge, et un peu avant qu'elle soit dans un état de complète maturité. La maturation s'achève sur la terre, en même temps que le grain prend du volume.

Je comprends qu'on laisse ainsi l'avoine en javelles pendant quatre ou cinq jours sur ses propres éteules, mais je trouve qu'on pousse cette coutume jusqu'à l'abus dans certaines localités, où l'avoine fauchée séjourne parfois quinze jours sur le sol.

La paille d'avoine sert à nourrir les vaches et alterne en hiver avec les fourrages secs des prairies artificielles. Comme litière, elle laisse à désirer, car elle est trop dure, se décompose difficilement et éponge mal les urines des bêtes. Cependant, elle vaut encore mieux que les genêts et les bruyères.

Maïs ou blé de Turquie. — Bien que le maïs soit de la même famille que le froment, l'orge et l'avoine, ce n'est pas une céréale proprement dite. Si donc je le place dans cette division, ainsi que le sarrasin, c'est parce que la bouillie de maïs est le pain du pauvre dans la Bresse, et que la galette de sarrasin est aussi le pain du pauvre dans plusieurs contrées de la France. Le maïs ne se soucie pas des terrains médiocres. Il aime un sol qui ne soit ni trop calcaire, ni trop argileux, mais bien labouré, bien ameubli par plusieurs coups de charrue. C'est lorsque les gelées de printemps ne sont plus à craindre, vers la fin d'avril ou dans les premiers jours de mai, qu'on plante le maïs ou qu'on le sème à la volée, selon l'usage des localités.

Je vous conseille de ne pas semer à la volée; il vaut mieux semer en lignes ou planter au plantoir. Pour semer en lignes, vous ouvrez les sillons avec un rayonneur qui ne fait qu'effleurer le sol, car les grains de maïs sont comme les haricots, ils n'aiment pas à être bas en terre. Vous laissez entre deux lignes une distance de deux à deux pieds et demi; et ceci bien convenu, vous n'avez plus qu'à suivre le rayonneur comme vous suivez la charrue pour la plantation des pommes de terre, et à déposer vos graines de maïs dans les lignes, trois ou quatre graines par pied de longueur. Puis vous éclaircirez en binant et maintiendrez une distance de deux pieds ou de dix-huit pouces au moins entre les pieds de maïs. Une fois le semis terminé, vous mettez une herse sens dessus dessous, les dents en l'air, et la faites traîner sur le dos pour recouvrir les lignes ouvertes par le rayonneur.

Ne vous effrayez pas des mots, mes amis ; un rayonneur n'est pas un instrument de l'autre monde. Avec quelques morceaux de bois, le premier venu peut en façonner un. Au lieu de rayonner, comme s'y prend un jardinier, avec une corde tendue, une piochette ou un plantoir qui glissent et ouvrent la terre sur toute la longueur du cordeau, on prend une traverse de bois assez lourde et assez longue, on ajuste avec une tarière, et perpendiculairement à cette traverse, des dents de bois de la largeur des rayons que l'on veut ouvrir et séparées de deux pieds ou deux pieds et demi l'une de l'autre. Vous attachez un cheval à l'outil et le faites marcher en ligne droite. Vous ouvrez ainsi, d'un seul coup, quatre, cinq ou six lignes, selon le nombre des dents de bois. — Au plantoir, la besogne est plus longue. Dans le cas pourtant où vous voudriez en essayer, ne manquez pas de mettre deux grains dans chaque trou, quitte à dégarnir plus tard. Les grains de maïs pourrissent facilement ; donc il faut prévoir et faire la part de la pourriture.

Dans la Bourgogne, il est d'usage de semer le maïs à la volée en même temps que les haricots. On sème ou l'on plante aussi dans les champs de maïs, de la laitue des courges, des potirons, des navets, qui, ordinairement y prospèrent.

Le climat qui convient au maïs est précisément le climat qui convient à la vigne. Où le raisin mûrit bien, le maïs mûrit bien ; où le raisin n'arrive pas toujours à maturité, ne comptez pas toujours sur une récolte de maïs. Souvent, quand l'année est pluvieuse et froide, il est nécessaire de pincer les tiges du maïs, alors que les grains de son épi sont tout à fait formés. Cette opération force la maturation. Sans cela, les grains resteraient à l'état laiteux. Qui dit pincer les tiges du maïs, dit couper le dessus de ces tiges.

Lorsque le grand maïs a de la peine à mûrir dans une contrée, on lui préfère le *maïs quarantain* et le *maïs à poulet*. Ces variétés rapportent peu comparativement à la première, mais leur farine est plus recherchée.

La cueillette du maïs se fait en octobre. On commence par rompre les épis ; plus tard, on enlève les tiges à temps perdu, on les coupe, et on les donne aux vaches qui se montrent très-friandes de ce fourrage sucré. Dans la Touraine et l'Anjou, on cultive habituellement le maïs entre deux rangées d'énormes ceps de vigne en treille, et, après la récolte, les tiges sont enfouies comme engrais au pied des ceps.

Le maïs est quelquefois cultivé pour fourrage ou engrais vert dans des terrains de médiocre qualité. C'est un excellent fourrage qu'on ne saurait trop recommander.

Une fois les épis mûrs enlevés du champ on les met en tas, comme ils tombent et comme ils viennent, dans la grange ou sous le hangar. Puis, au bout de quelques jours, quand ils ont, comme on dit chez nous, jeté leur sueur, on les *écholle*. *Echoller*, en patois bourguigon, signifie ôter l'épi de son enveloppe. La paille extérieure de l'enveloppe, celle qui a reçu la pluie et le beau temps, est dure et grossière : on la donne aux vaches ; la paille intérieure de l'enveloppe, celle qui se rapproche de l'épi et lui a servi de gaîne, est au contraire délicate, souple, élastique, On la vend pour garnir des paillasses. Elle est, sous ce rapport, préférable à la paille de froment ou d'avoine, qui se rompent et se mettent en poussière.

Les épis de maïs, séparés de leur gaîne, sont portés au four en hiver, après une cuisson de pain ; puis on les égrène encore chauds, en les frottant contre le taillant d'un fer de bêche, contre une pelle à feu, ou par tout autre moyen. Dans quelques localités, on bat les épis au fléau ; mais ce travail nécessite une grande dépense de forces et de fatigue. — Je connais une petite variété de maïs blanc à épis que l'on égrène sans le secours du four.

Lorsque le grain a été détaché de l'épi, on jette le

chaton au feu. C'est un combustible qui dure peu, mais qui donne une vive chaleur.

Le grain du maïs moulu fournit une excellente farine, qui forme la base de la nourriture des paysans de la Bresse, en France. On la mange bouillie avec de l'eau, bouillie avec du lait, ou cuite au four en forme de galette, avec des grains de raisin dans la pâte, ou bien enfin, quand le froment est rare, mélangée avec la farine de ce froment pour faire du pain. — La farine de maïs est excellente pour engraisser la volaille.

Je ne sais si la chaleur du four enlève au grain sa faculté de germer; mais je le crois. Le cultivateur conserve pour semence des épis entiers, les plus beaux à l'œil. Il n'en détache pas l'enveloppe, il la retrousse tout simplement, noue ensemble les pailles de deux ou trois épis, et les suspend au plancher, tantôt à un clou, tantôt à califourchon sur une perche.

SARRASIN. — Son véritable nom, c'est *renouée*. Ici on l'appelle *sarrasin*, ailleurs *blé noir*, *bucaille*, *boquette*, *bouquette*. Le nom ne fait rien à la chose. On cultive le sarrasin tantôt pour l'enterrer quand il est en fleurs, tantôt pour le donner en fourrage vert, tantôt pour récolter sa graine. Il peut nourrir les végétaux, les hommes et les bêtes. Les sols argileux, humides, ne conviennent pas au sarrasin, et ils lui conviendraient, que le cultivateur ne les lui donnerait probablement pas. Dieu a donc bien fait ce qu'il a fait. Le sarrasin est la providence des pays pauvres. Il réussit à merveille dans les terres légères, préparées par plusieurs labourages. Il craint le froid, il est frileux; on le sème par conséquent vers la fin de mai, ou en juin, ou même en juillet et août, dans des terres brûlantes. Trois mois de végétation suffisent entre les semailles et la récolte. Ne mettez pas plus d'un hectolitre, c'est-à-dire de cent litres de semence par hectare. Il a besoin d'air et d'espace pour brancher librement. Et puis, les prairies artificielles que je vous conseille de semer avec lui, réussiront mieux, quoique, à dire vrai, elles réussissent presque toujours. Je vous le répète donc : Semez clair et n'enterrez pas profondément la graine.

Avec du seigle, un peu de froment et beaucoup de sarrasin, on fabrique un pain violet ou des galettes, dont se nourrissent les pauvres gens de certaines contrées montagneuses en France. Dans le Charollais, les gaufres de sarrasin forment la base de la nourriture des paysans.

Les chevaux et la volaille s'accommodent fort bien aussi de la graine de cette plante.

XI

RACINES.

Pommes de terre. — Les cultivateurs, poursuivit M. Mathieu, ne classent pas ordinairement la pomme de terre parmi les racines. Ils ont raison, puisque les tubercules ne sont que des renflements de branches souterraines; mais enfin, ils ont plutôt l'air de racines que de branches engorgées, et nous nous rangeons du côté de l'apparence.

On nous dit : Pourvu que le sol ne soit pas trop argileux, vous pouvez planter des pommes de terre partout, car partout elles pousseront des fanes et donneront des tubercules. Qu'est-ce que cela prouve? Est-ce que sous le même climat la vigne aussi ne pousse point partout, ne donne pas des feuilles et des grappes? Oui, mais ici vous récoltez du bon vin, et à une lieue plus loin de la piquette, du bon vin qui plaît au palais et se conserve des années, de la piquette qui fait grimacer et ne se conserve pas. Eh bien, il en est de la pomme de terre comme de la vigne : elle pousse assez volontiers dans la plupart des sols, mais elle ne vaut pas dans l'un ce qu'elle vaut dans l'autre, et nous devons juger des produits sur la qualité, non sur la quantité.

Plantez des pommes de terre dans un sol argileux, vous récolterez des tubercules chargés d'eau, très-peu farineux, d'une chair blanchâtre, savonneuse, et d'une saveur âcre.

Plantez des pommes de terre dans un sol marécageux, vous obtiendrez un résultat également mauvais.

Plantez des pommes de terre dans un sol à jardin, vous récolterez des tubercules très-gros, souvent caverneux à l'intérieur et détestables au goût.

Fumez copieusement vos pommes de terre, vous obtiendrez également une augmentation de volume et de la mauvaise qualité.

Si, au contraire, vous choisissez, pour planter vos pommes de terre, un sol calcaire, léger, brûlant, comme celui des bons vignobles, ou de la Famenne, vous récoltez des tubercules de grosseur moyenne, d'une chair jaunâtre, farineuse et agréable au goût.

Si vous les plantez sur un sainfoin ou sur un trèfle rompu, et toujours en terre calcaire ou schisteuse, vous aurez le même résultat.

J'en conclus que pour avoir des pommes de terre de bonne qualité, il faut les cultiver dans des terrains secs, légers, et ne les fumer qu'avec réserve. J'en conclus aussi qu'en faisant l'opposé, on aura des tubercules altérés, dénaturés, âcres, déjà malades.

La maladie des pommes de terre nous vient-elle des pays chauds et des terrains secs? Non; elle nous vient des pays humides, brumeux, de l'Angleterre, de la Belgique, de la Hollande et du nord de la France.

Nous vient-elle des pays où l'on fume peu et où l'on se sert communément d'engrais verts? Non; elle nous vient des pays où l'on fume les champs comme des terres à jardin et où les engrais verts ne sauraient réussir.

Ainsi, il y a gros à parier que les sols humides, l'excès des fumures animales et l'âge de la plante ont amené la maladie des tubercules. La contagion a peut-être fait le reste. La maladie du raisin a commencé de même.

C'est aux cultivateurs à voir s'ils ont intérêt à continuer la même route pour arriver au même but.

On plante les pommes de terre en avril et en mai, dans une terre bien préparée. En petit, l'opération s'exécute à la houe, et en grand, à la charrue. Une personne suit le laboureur et met les plants un à un, à quinze pouces de distance, non pas dans la raie, mais sur la bande de terre retournée. Elle les y enfouit même légèrement avec la main. A son retour, la charrue lève une nouvelle bande de terre qui les recouvre et ouvre une nouvelle raie. On ne plante point dans celle-ci, ni même dans la suivante, parce qu'il est bon qu'il y ait environ deux pieds de séparation entre les lignes. Ce n'est pas du terrain perdu, croyez-le; c'est, au contraire, du terrain bien employé. Il y a de l'inconvénient à serrer trop les plants; le binage et le buttage deviennent difficiles et sont mal exécutés.

Depuis quelques années seulement, on a essayé de combattre les ravages de la maladie, en plantant les pommes de terre vers la fin d'octobre et en novembre. Dans ce cas, il faut planter à 18 ou 20 centimètres de profondeur; autrement, l'effet des fortes gelées serait à craindre.

Quand les pommes de terre sont toutes levées, on les bine profondément, soit à la main, soit avec la houe à cheval. Quinze jours ou trois semaines après on les bine une seconde fois, car les pommes de terre se plaisent dans la terre remuée; enfin, vers les derniers jours de juin, on butte les touffes, soit avec la main, soit avec une charrue à deux versoirs, qui passe entre les lignes et relève la terre des deux côtés. Dans quelques contrées du Nord, avant de procéder au buttage, on arrose les pommes de terre avec de l'eau de fumier, et l'on augmente ainsi la quantité des produits. Je n'ose recommander cette pratique.

A mon avis, les engrais qui conviennent le mieux à la pomme de terre sont les cendres, les terres cuites, les feuilles sèches, les balles de grains, les plantes enfouies. Les fumiers de vache et de porc ne sont pas à dédaigner non plus dans les sols très-brûlants. Dans les terrains à bruyère, n'oubliez pas la chaux.

La grande récolte des pommes de terre se fait à la fin de septembre ou en octobre. C'est le moment des semailles d'automne. On peut donc fumer et semer à leur place une céréale d'hiver.

Betteraves. — C'est vers la fin de mars que vous sèmerez les betteraves en pépinière, dans un riche terrain, pour les repiquer en mai. Ce n'est que dans la première quinzaine d'avril que vous sèmerez celles qui ne doivent pas être repiquées Mais je vous conseille fort de pratiquer le repiquage dans les terres riches, car vous n'y perdrez point.

Aussitôt que vous distinguez vos jeunes pousses de betteraves en pépinière, vous les dégagez des mauvaises herbes et les binez avec soin, sans les éclaircir. Ce n'est que huit ou quinze jours après que vous éclaircissez le semis, de manière qu'il y ait entre les plants une distance de deux pouces environ. En mai, par un temps pluvieux, ou alors que la terre est assez fraîche pour dispenser de l'arrosage, vous enlevez de la pépinière les betteraves de semis et les repiquez dans un sol bien labouré, bien fumé et bien roulé, en lignes distantes de deux pieds l'une de l'autre. Quant à la distance à observer entre les plantes alignées dans une même raie, elle varie de dix à quinze pouces. Le terrain est riche, je suppose, vous serrez plus; il est pauvre, vous serrez moins.

La betterave exige deux choses : un terrain bien travaillé, bien roulé, et une grande propreté. Il n'est pas nécessaire que ce terrain soit d'une grande valeur. Les betteraves les plus belles que j'aie vues occupaient des sols calcaires de très-médiocre valeur ; mais aussi je dois ajouter que les sarclages n'étaient pas négligés en juin et juillet.

Les betteraves cultivées le plus communément sont la betterave rose, connue sous le nom de *disette*, et celle de Silésie, qui est plus estimée que la précédente.

On ne se contente pas de la récolte des racines pour l'alimentation des vaches et des moutons ; on dépouille encore la betterave de ses premières feuilles pendant le cours de sa végétation, et on les donne au bétail. Au dire de Mathieu de Dombasle, cette pratique est fâcheuse. Elle empêche la racine de prendre son développement et coûte ainsi plus qu'elle ne rapporte.

On arrache les betteraves en septembre ou octobre.

Dans ces derniers temps, j'ai entendu parler d'une maladie qui courait sur les betteraves. Notez que cette remarque a été faite dans le nord de la France, où la culture de la betterave pour la fabrication du sucre est extrêmement développée, et où l'on pousse tant et plus à la production, à grand renfort d'engrais puants.

Un hectare de terre de bonne qualité peut fournir environ trente-cinq mille kilogrammes de betteraves.

Rutabagas ou navets de Suède. — Ne confondez point cette racine avec le chou-navet. Le rutabaga ou navet de Suède a la racine arrondie et jaunâtre, tandis que le chou-navet a la racine longue et blanche. On les cultive l'un et l'autre de la même manière que la betterave. Vers la fin de mars, on sème en place, à raison de cinq ou six livres de graine par hectare, ou bien on sème en pépinière pour repiquer. Un semis d'ailleurs ne doit pas empêcher l'autre, attendu que si les pucerons font du dégât dans les semis sur place, on a la ressource de pouvoir regarnir avec des plants de pépinière. Peut-être conviendrait-il aussi, comme pour la navette et le colza, de semer à la volée, en deux fois, à cinq ou six jours de distance. Tandis que les pucerons s'attaqueraient de préférence aux pousses les plus tendres, les autres échapperaient à leur voracité.

Les rutabagas et les choux-navets sont moins robustes que les betteraves et se prêtent moins facilement à la transplantation. Quelquefois donc, il est nécessaire d'arroser. On les bine avec les mêmes soins que l'on apporte à biner les betteraves, et l'on récolte en novembre et décembre, au fur et à mesure des besoins du bétail.

Si la betterave s'accommode volontiers des terrains calcaires, même de médiocre valeur, le rutabaga et le chou-navet se montrent plus exigeants. Attendu qu'au dire du proverbe : « Bon chien chasse de race, » ils recherchent les sols et les engrais qui conviennent surtout au colza et à la navette, plantes qui sont de leur famille. Les sols argileux et siliceux profonds doivent en conséquence leur être réservés, ainsi que le fumier de mouton. On ferait bien aussi d'essayer le plâtrage.

NAVETS et RAVES. — La rave n'est qu'une variété du navet; voilà pourquoi nous les comprenons sous le même titre. Ce sont des plantes de la même famille que celles dont nous venons de parler, de la même famille que le colza et la navette, et c'est là ce qui explique l'épuisement du sol quand on fait suivre la récolte d'un colza ou d'une navette, d'une récolte dérobée de navets. Il va sans dire, après cela, que les sols argileux et siliceux, parfaitement ameublis, conviennent beaucoup à cette racine. Les navets de table si renommés de Baubry, dans le Charollais, d'Orret et de Saulieu, dans la Côte-d'Or, sortent tous de terrains siliceux, sablonneux ou granitiques. Il y a gros à parier qu'ils réussiraient dans les bruyères des Ardennes.

C'est en juin qu'on sème ordinairement les navets, et aussi en juillet et même en août, comme récolte dérobée. Ceci veut dire qu'une fois les seigles et les premiers froments faucillés, on peut, au lieu de laisser la terre en repos, retourner les éteules immédiatement et y semer des navets que l'on récolte au moment où les gelées menacent cette racine. Les navets semés en seconde récolte sont plus tendres, moins piquants, et par conséquent plus agréables à manger que les autres.

Les navets demandent à être sarclés avec soin.

Cette racine n'entre pas seulement dans l'alimentation

des vaches, auxquelles on la donne crue et divisée par tranches, mais elle entre aussi dans l'alimentation des paysans français. Pas de soupe au lard sans chou ni rave.

Quelquefois, dans les terrains calcaires de montagne, on sème des champs de navets, soit pour les retourner en vert comme engrais, soit pour les faire brouter sur place par les moutons au commencement de l'hiver. Les navets, en cours de végétation, ne craignent pas la gelée comme les navets dont les racines ont atteint toute leur grosseur.

Carottes. — De toutes les racines, voici la meilleure pour le bétail. Chevaux, vaches, moutons, toutes les bêtes de la ferme la recherchent avec avidité.

Pour qu'un semis de carottes réussisse, il faut lui donner un terrain bien défoncé, profond et assez frais. Trois labours préparatoires ne sont pas de trop. La quantité de semence à employer varie entre quatre e dix livres par hectare. Le semeur qui répand la graine ne doit pas négliger de la frotter d'abord dans sa main, afin d'en briser les petites aspérités. On sème ou à la volée ou en lignes, dans la première quinzaine de mars, Pour mon compte, j'aime mieux le semis en lignes, séparées de 40 à 50 centimètres l'une de l'autre, car le sarclage des carottes est tellement difficile, qu'il me semble utile de le simplifier par tous les moyens. Avec la culture en lignes, rien n'est plus commode que le sarclage à la houe et l'éclaircissement des lignes à la main. La réussite des carottes dépend des sarclages répétés et profonds qui rafraîchissent la terre dans les temps de sécheresse et ne permettent pas aux mauvaises herbes d'envahir la récolte et de l'étouffer.

La récolte des carottes se fait en même temps que celle des betteraves, et donne en poids le même produit. La carotte a, sur les autres racines, l'avantage de se conserver très-longtemps sans préjudice pour ses qualités. Souvent, en avril, mai et juin, il en reste encore dans les celliers ou dans les caves du cultivateur. Partout où la main-d'œuvre ne manque pas, on substitue la carotte à la pomme de terre.

Dans certaines localités, on sème la carotte fourragère dans les seigles, dans les colzas, dans les navettes; puis, une fois ces premières récoltes enlevées du sol, on donne deux bons coups de herse, en long et en travers, et enfin l'on bine.

Les engrais pailleux ne conviennent pas à la carotte; ils font jeter trop d'herbe et soulèvent trop le sol. On ne doit lui donner que de l'engrais bien pourri, ou des cendres de bois, ou des arrosages d'eau de fumier. Les carottes fourragères par excellence sont la *blanche à collet vert*, la *rouge des Flandres à collet vert*, la *carotte d'Achicourt* et la *carotte blanche des Vosges*.

Panais. — Même terrain, même culture, même engrais et même époque de semailles que pour la carotte. Il faut de dix à douze livres de graines par hectare. Le panais est excellent pour tous les bestiaux; tous le recherchent, et, en particulier, les cochons, pour l'engraissement desquels il est recommandé. Le panais a, en outre, un avantage marqué sur les autres racines : c'est de ne pas craindre la gelée et de passer l'hiver en terre, d'où on le retire au fur et à mesure des besoins du bétail. La culture du panais est malheureusement très-négligée; à notre connaissance, on ne le sème sur une grande échelle que dans certains départements de la Bretagne. Les cultivateurs s'en trouvent bien; ailleurs, ils s'en trouveraient de même.

Topinambour. — Le topinambour est peu cultivé; de loin en loin seulement, on en rencontre quelques carrés dans le voisinage des habitations; cependant, il n'est pas difficile sur le choix des terrains. La plupart paraissent lui convenir. Les tubercules du topinambour n'ont pas, à beaucoup près, la valeur des tubercules de la pomme de terre; c'est sans doute à cause de cela que sa culture est si négligée. Les cochons et les moutons en mangent volontiers; mais cette nourriture, dit-on, ne leur profite guère. C'est à voir et à essayer de nouveau, maintenant que la pomme de terre décline.

On plante le topinambour en mars et même vers la fin de février. Si ses feuilles sont sensibles aux gelées, ses tubercules, en revanche, ne le sont point. Cette plante a un mérite qui finit par devenir un défaut. Une fois récoltée, elle se reproduit seule tous les ans. Vous avez beau arracher les tubercules avec soin, il en reste encore assez de petits que vous ne découvrez point et qui donnent des pousses, alors même que vous n'en voulez plus. Ceux qui, les premiers, ont crié contre le chiendent, ne connaissaient pas le topinambour.

XII

LÉGUMINEUSES DE TABLE.

Pois. — Après les bêtes les gens, continua M. Mathieu ; à chacun son tour : il faut que tout le monde vive, et, d'ailleurs, un bon cultivateur ne se met jamais à table avant que ses animaux ne soient servis. Aujourd'hui, je veux vous parler des pois, des haricots, des fèves et des lentilles.

Les pois, comme d'ailleurs toutes les légumineuses, ne sont pas difficiles sur les terrains. Pourvu qu'ils aient été bien labourés, bien remués, bien divisés, les pois y pousseront. Cependant, il n'en ont pas moins leurs petites préférences ; ils aiment un peu plus l'un que l'autre, et s'ils avaient le choix et la volonté, ils s'arrêteraient à un terrain à la fois calcaire et argileux, dans le genre de la bonne marne, ni trop froid, ni trop brûlant.

On sème les pois à la volée ou en lignes dans le courant de mars; on les sarcle une ou deux fois pendant leur végétation, et tout est dit.

Dans les terrains frais, vous enterrez les graines à deux pouces seulement; dans les terrains secs, à trois ou quatre pouces.

Cette plante est assez délicate, quant aux engrais. Ne lui donnez pas de nourriture puante, si vous tenez à ce que les pois récoltés soient succulents. On me payerait pour manger des pois venus dans les vignes de Suresnes et fumés avec de la gadoue, que je n'en mangerais pas.

Si vous cultivez les pois pour les faucher en fleurs et les donner au bétail, plâtrez légèrement; les fanes prendront beaucoup de vigueur. Si, au contraire, vous voulez les récolter en grains, ne plâtrez pas, car vos pois cuiraient difficilement.

Si vous avez affaire à des terrains brûlants, fumez en couverture avec du fumier frais, de vache ou de porc. Si vous n'avez pas cet engrais, employez des terres arrosées d'eau de fumier.

Avec les pois, si vous voulez une bonne récolte, faites qu'elle soit durable, et rappelez-vous qu'on ne récolte bien que ce qui est à soi. Si, au moment de la première cueillette, vous tirez brusquement les cosses pour les détacher des fanes, vous ébranlez le pied ou l'arrachez souvent. Il y a donc des précautions à prendre. — La paille de pois est bonne pour fourrage et pour litière.

Si vous tenez à récolter beaucoup de grains, prenez le *pois d'Auvergne* ou *serpette*. Si vous tenez aux pois très-sucrés, prenez le *pois de knight*.

Haricots. — Les terrains qui conviennent aux pois conviennent aussi aux haricots. Cependant, ils ne paraissent pas se nourrir des mêmes substances. Où les pois ont passé, il n'en repoussera volontiers que cinq ou six ans après; ce qui prouve que les premiers ont avalé tout l'approvisionnement. Il n'en est pas de même pour les haricots; les uns ne sont pas plustôt partis que les autres reviennent.

Les haricots ne s'accomodent ni d'une humidité qui dure, ni d'une grande sécheresse. Dans les années pluvieuses, ils jettent beaucoup de feuilles et les graines manquent de qualité ; dans les années de sécheresse excessive, ils ne donnent pas assez de cosses et meurent vite. Ils veulent une terre ameublie, calcaire, marneuse et une température chaude ; mais ils veulent de l'ombre aussi, non point par en haut, mais par côté. Ainsi, nulle part, les haricots ne se plaisent et ne réussissent mieux que dans les vignes et les plantations de maïs. Comme qualité, je n'en sais pas qui les valent ; je les place bien au-dessus de ces haricots de Soissons, tant vantés, qui sont pâteux et sentent le savon. Nos haricots de vignes sont moins beaux, c'est vrai, moins blancs, moins présentables, à ce qu'on dit : ils sont de la petite espèce, mais, en revanche, ils sont savoureux et estimés des connaisseurs. Sous les climats froids, cultivez, pour les manger en vert, le *haricot sabre*, le *haricot princesse* à rames, le *haricot nain de Soissons* ou *gros pied* et le *haricot d'Alger*. Pour écosser, ne comptez guère que sur le *haricot princesse* et sur le *haricot d'Espagne* à fleurs blanches qui fournit d'énormes graines.

C'est au commencement de mai que l'on plante les haricots, tantôt en lignes, tantôt par touffes. Souvent aussi on les sème à la volée. La culture en lignes est favorable dans les terrains qui ont un peu de fraîcheur ; la culture par touffes de cinq ou six pieds dans les terrains très-secs. Autrefois, dans les plantations de maïs, on pratiquait ce mode de culture par touffes ; aujourd'hui, on fait le semis à la volée et l'on s'en trouve mieux.

Si la cueillette des pois exige des précautions, celle des haricots en vert en exige bien davantage. Aux environs de Paris, les femmes laissent croître leurs ongles quinze jours à l'avance, afin de pouvoir couper la queue des cosses. La moindre secousse déracine les pieds de la plante qui se fane aussitôt.

Les haricots aiment beaucoup les engrais qui contiennent de la potasse. Or ces engrais sont les cendres des végétaux, les feuilles de buis, de fougère, de tanaisie, de vigne, etc., ainsi que les fumiers de vache et de porc, et les terres salpêtrées d'étable ou de cave.

Quand vous plantez ou semez des haricots, ne les enterrez jamais profondément, et souvenez-vous de ce dicton des paysans, qui veut que les grains puissent voir à travers le sol le derrière de celui qui les a plantés. S'ils étaient bas en terre, ils courraient risque de pourrir.

Fèves. — Nous avons les fèves de marais, c'est-à-dire les grosses, et les féveroles, c'est-à-dire les petites. Nous dirons un mot des premières quand, dans un autre livre, nous traiterons de la culture potagère; aujourd'hui, nous ne parlerons que des féveroles. C'est une plante robuste qui recherche tous les sols où il y a de l'argile, même les terres fortes, pourvu qu'elles aient été mises en état par plusieurs coups de charrue.

C'est vers la fin de février ou dans les premiers jours de mars qu'on ensemence avec les féveroles, soit en lignes, profondes de trois ou quatre pouces, soit au plantoir, sur le dos des bandes de terre fraîchement retournées, soit à la volée. La culture en lignes est la plus avantageuse sous tous les rapports, pour les sarclages et pour les produits.

La féverole, comme la fève de marais, a un redoutable ennemi dans le puceron noir qui s'attaque habituellement au sommet de la tige quand la plante est en fleurs et au moment de la formation des premières cosses. On a essayé de la cendre, de la suie et du plâtre pour s'en délivrer. Mauvais remèdes. Le meilleur moyen, c'est le pincement. Une personne passe entre deux lignes de féveroles en fleurs et enlève des deux côtés à la fois le dessus des tiges qu'elle jette à terre. Cette opération a, en outre, l'avantage de hâter la maturation; les fleurs nouent plus vite, réussissent mieux, et les cosses sont plus tôt mûres.

A propos des pucerons qui perdent une récolte, tant

ils se multiplient, on a remarqué qu'ils n'attaquaient point les féveroles semées dans les avoines. L'odeur de l'avoine contrarie-t-elle ces insectes? Je ne sais; mais c'est un essai à faire, essai facile et peu coûteux.

Quand on veut obtenir une récolte mêlée, féveroles et avoine, il faut semer les féveroles quinze jours ou trois semaines avant d'enterrer l'avoine par un coup de herse.

Pour récolter les féveroles, ce qui arrive en septembre, il ne faut pas attendre que tiges et cosses soient desséchées complétement; autrement, la paille de fève deviendrait un mauvais fourrage.

Les féveroles sont une nourriture précieuse pour les chevaux. On ne les leur donne pas entières; on les concasse, ou on les fait cuire. On se sert de la farine de féveroles pour frelater celle du froment et aussi pour fabriquer l'eau-de-vie dite *genièvre.*

Les terres argileuses qui ont porté une récolte de féveroles sont très-bien préparées pour une semaille de froment d'automne.

Lentilles. — C'est en mars qu'on sème les lentilles, en lignes ou à la volée, sur un terrain ameubli par deux ou trois labours. Plus le sol est calcaire et léger, meilleure est la qualité des produits; seulement, ils sont moins gros que dans les bons terrains. Verte ou sèche, la paille des lentilles est un des fourrages les plus estimés que nous connaissions, les plus nourrissants, mais aussi les plus échauffants. On doit donc ne le servir aux chevaux que sous un petit volume et alterner.

Quand on cultive les lentilles pour leurs graines, il ne faut pas rentrer la récolte aussitôt après l'arrachage, ni attendre, pour arracher, que la maturité soit complète. Les cosses s'ouvriraient et la graine se perdrait. Un séjour de trois ou quatre jours sur le sol est nécessaire.

Ordinairement, et l'on a tort, je le crois, les cultivateurs abandonnent aux lentilles ce qu'ils ont de plus pauvre en sols. Aussi que récoltent-ils la plupart du temps? Une paille de deux ou trois pouces de haut et de toutes petites cosses dégénérées.

Dans l'Ardenne belge, les lentilles se développent trop en fanes, se couchent, et les graines, peu nombreuses, pourrissent souvent.

XIII

PLANTES FOURRAGÈRES.

TRÈFLE. — Les plantes fourragères sont nombreuses, reprit M. Mathieu, et nous n'en finirions pas si je vous parlais de toutes sans exception. Je m'en tiendrai donc aux principales qui sont : les trèfles, la luzerne, le sainfoin, la lupuline, les vesces, la pimprenelle et la chicorée.

Je connais le trèfle commun qui fleurit rouge, le trèfle blanc et le trèfle incarnat, que d'aucuns appellent le *farouch*. Le trèfle commun vient partout, pourvu cependant que le terrain ne soit ni trop pauvre ni trop sec. On le sème ou en automne dans les froments et les seigles, ou au printemps dans les avoines et les orges, ou en été dans le sarrasin. On attend pour faire ce semis que les céréales soient bien levées, et l'on choisit un temps pluvieux pour n'avoir pas besoin d'enterrer la graine. Le trèfle semé en automne ne réussit pas toujours à souhait; un hiver rigoureux peut le perdre. Semé dans les céréales de mars, il n'a rien à redouter des rigueurs du temps ; semé en juin dans un sarrasin, il réussit mieux que partout ailleurs, ainsi que la luzerne et le sainfoin, et est assez fort, quand viennent les froids, pour y résister.

Lorsque le trèfle est solidement enraciné, il y a de l'avantage à lui donner un bon coup de herse. Le trèfle dure deux ans ; mais la dernière récolte annonce de l'épuisement, et il vaut mieux la rendre au sol que de la lui prendre. Et puis après, ramenez le moins souvent possible cette plante sur le même terrain. Les nombreuses feuilles de trèfle, qui pourrissent dans le cours de sa végétation, enrichissent considérablement la surface du sol ; aussi vous êtes à peu près sûr, quand vous rompez un trèfle, de faire une bonne récolte en avoine, pommes de terre, froment, etc.

La semaille d'un trèfle exige de 30 à 40 livres de graines par hectare, d'excellente graine surtout, grosse, jaunâtre et très-luisante.

Pour le trèfle blanc, qui traîne à terre, ou coucou, il ne faut que de 15 à 20 livres. On le sème comme le précédent, mais dans les terres de qualité médiocre, et, habituellement, on le fait pâturer sur place.

Le trèfle incarnat, le plus beau de tous, n'est pas le meilleur assurément. Il est moins difficile que les autres sur le choix des terrains ; ceux qui sont graveleux, pierreux, calcaires, légers, lui sont plus profitables que ceux qui sont argileux et humides. On le sème seul dans les mois de juillet et d'août, après une récolte de navette, de colza, ou de seigle, et à raison de 55 à 60 livres de graine en balles. Elle vaut mieux que la graine dépouillée. — Quand se fait l'hiver, le trèfle incarnat est bien enraciné ; par conséquent, il n'a pas de danger à courir. Au printemps, il donne du fourrage quinze jours avant le trèfle commun. Il ne faut pas attendre, pour le faucher, que le trèfle incarnat soit en fleurs. On doit saisir le moment où les boutons vont s'ouvrir. Plus tard, c'est un fourrage déjà trop dur.

Ce trèfle ne donne qu'une coupe.

On ne fume pas les trèfles autrement que par le plâtrage ; cependant, il y aurait un essai à tenter : ce serait de les cendrer en mars, dans leur deuxième année d'existence, ou de les arroser avec du purin de fumier.

Luzerne. — Je ne mets pas la luzerne au-dessus des trèfles pour la qualité, mais je l'y mets à cause de son rapport. On la sème comme les trèfles parmi d'autres récoltes ; seulement, il faut compter sérieusement avec elle, quant au terrain. Elle le veut profond, bien ameubli, bien divisé, car les racines vont loin chercher la vie de la tige, et il ne faut point que les routes leur soient barrées, soit par des rochers serrés, soit par tout autre sous-sol impénétrable. Une fois empêchées dans leur marche, les racines de la luzerne n'alimentent plus la tête de la plante, et vous la voyez dépérir. Ainsi, ne faites pas de luzernière sans bien connaître votre sol et votre sous-sol. Des cailloux qui laisseront pénétrer les racines, quoique ne valant guère, vaudront mieux qu'un sous-sol de terre à poterie ou à briques. Cependant, il me semble qu'avec des arrosages à l'eau de fumier en automne, on soutiendrait quelque temps encore une luzernière dont les racines ne pourraient plus s'étendre en profondeur.

Les luzernières n'entrent en plein rapport que dans les troisième et quatrième années de leur végétation, et ne doivent être maintenues que durant sept ou huit années. On va quelquefois jusqu'à douze ou quinze ; mais c'est vouloir l'épuisement du sol.

Je suis de ceux qui croient que la luzerne épuise beaucoup les couches profondes du terrain. Elle enrichit les couches supérieures, je le sais ; mais il n'en est pas moins vrai qu'il serait désavantageux de semer ou de planter, à la place d'une luzernière, des végétaux à racines pivotantes. Pendant deux ou trois ans, la pousse serait trompeuse, tout irait bien ; mais ensuite, quand les racines atteindraient les profondeurs épuisées, les végétaux languiraient et ne feraient pas de vieux bois. Ainsi, une vigne plantée sur une luzernière rompue, prospère d'abord ; mais sa vigueur ne se soutient pas.

Les racines de la luzerne, dit-on, pourrissent dans la terre et lui rendent plus qu'elles ne lui ont emprunté. Oui, les parties de racines qui sont à la surface du sol, ce que la charrue a rompu, bouleversé, ce que l'eau des pluies, l'air et le soleil ont touché et décomposé ; mais non, quant aux parties profondes de ces racines. D'abord, leur décomposition est extrêmement lente, et fût-elle rapide, elles ne rendraient pas aux profondeurs de la terre ce qu'elles en ont enlevé, par la raison toute simple que ce qui a été sucé en bas s'en est allé en haut, vers le collet, vers les tiges, vers les feuilles.

N'abusez pas de la culture des luzernes, ne conservez pas vos luzernières plus de 7 ou 8 ans, et ne les renouvelez sur le même sol que vingt-cinq ou trente ans après la dernière récolte.

Je ne connais qu'un moyen efficace de réparer les pertes essuyées par les terrains à luzernières : c'est de les arroser copieusement avec du purin de fumier. Ce purin finit, à la longue, par atteindre les régions épuisées.

Sainfoin. — Au dire des cultivateurs, voilà le meilleur fourrage que l'on puisse donner au bétail. Malheureusement, il ne fournit pas toujours deux coupes. On sème le sainfoin ou esparcette, comme disent les Méridionaux, en même temps que le trèfle ou la luzerne ; mais c'est ordinairement dans des terres calcaires, pierreuses, graveleuses, de montagne. Il est bon néanmoins qu'elles aient du fond, car les racines du sainfoin pivotent. On le sème à raison de quatre ou cinq cents litres par hectare, et on enterre la graine plus profondément que celle de la luzerne et du trèfle, au moyen de plusieurs coups de herse. J'ajouterai que, pour être sûr de la qualité de sa graine, il faut l'avoir récoltée soi-même.

Le plâtre cru ou cuit produit sur le sainfoin, comme

sur toutes les légumineuses, un bon effet apparent; mais je le demande encore : Les fourrages plâtrés ne sont-ils pas nuisibles à la santé des animaux ?

LUPULINE. — La lupuline est une petite légumineuse que vous connaissez sous les noms de *minette* et de *trèfle jaune*. On la sème en mars, à raison de trente-cinq ou quarante livres de graines par hectare, et d'ordinaire sur des terres calcaires de peu de valeur. Rarement on la fauche ; on la fait pâturer par les moutons.

VESCES. — C'est en septembre que l'on sème les vesces d'hiver, et depuis mars jusqu'à la fin des pluies, les vesces de printemps. On choisit pour cela des terres un peu argileuses et fraîches par conséquent.

On fauche celles d'hiver vers la fin de mai, au moment de la floraison. Données en vert, c'est un excellent fourrage qui se renouvelle toute l'année, lorsqu'on a eu soin de faire des semailles de quinzaine en quinzaine. Habituellement, on mêle du seigle aux vesces que l'on sème en automne sur une jachère fumée, et de l'avoine à celles que l'on sème au printemps. Ces deux céréales sont utiles en ce qu'elles soutiennent un peu les tiges des vesces très-touffues. Dans certaines localités, on attend, pour faucher, que les cosses des vesces soient bien formées. Le fourrage devient plus nourrissant, c'est vrai : mais aussi la terre est plus épuisée.

PIMPRENELLE. — C'est un fourrage robuste et d'excellente qualité. La pimprenelle ne redoute ni les rudes hivers, ni les étés brûlants. Elle fournit peu, mais elle utilise beaucoup de mauvais terrains calcaires et graveleux. On sème en mars une trentaine de kilogrammes de graines par hectare, et on ne la fait pâturer par les moutons qu'au printemps suivant. Dans les bons terrains calcaires, je crois que la pimprenelle serait d'un rapport assez considérable, si j'en juge par la végétation des pieds cultivés avec soin.

CHICORÉE. — La chicorée sauvage, que l'on néglige beaucoup trop, convient aussi aux terrains calcaires très-secs et fournit un pâturage délicieux pour les moutons. Elle réussit également bien dans les terrains schisteux.

XIV

PLANTES OLÉAGINEUSES.

Pavots. — Mes amis, dit M. Mathieu, on appelle plantes oléagineuses celles qui nous fournissent leurs graines pour la fabrication de l'huile, et de ce nombre sont les pavots, la navette, la caméline et la moutarde blanche. Les pavots qui nous donnent ce que l'on appelle en Flandre l'huile d'œillette et en Bourgogne l'huile d'olivette, sont de deux sortes. Chez l'un, la capsule ou la tête s'ouvre à l'époque de la maturité et a la graine grise ; chez l'autre, la graine est blanche et la tête ne s'ouvre pas. Il y a par conséquent plus de précautions à prendre pour la récolte du premier que pour celle du second.

Il faut, au plus, cinq ou six livres de graines de pavots pour ensemencer un hectare, et l'ensemencement a lieu d'ordinaire dans le courant de février, quelquefois même à la fin de janvier, dans un sol sablonneux, siliceux ou marneux, profond, bien labouré dès l'automne et au moment des semailles, et, aussi, bien ressuyé. On enterre faiblement avec une herse de bois légère et à dents serrées, ou bien encore, on fait passer sur l'emblave un troupeau de moutons qui la piétinent sur toute sa surface. Ce procédé commode est, en général, excellent pour toutes les graines fines que l'on veut recouvrir à peine.

En avril, on sarcle les pavots à la houe; puis, au bout de quelque temps, quand la feuille est dans toute la vigueur de la végétation, on éclaircit le semis de façon qu'il y ait une quinzaine de pouces de distance entre les tiges.

C'est au mois d'août qu'a lieu la maturité. Alors il faut surveiller de près les champs de pavots à graine grise, et ne pas attendre, pour les arracher, que les capsules s'ouvrent et que des coups de vent viennent agiter les tiges et secouer la graine sur le sol. On les arrache donc aussitôt que les capsules jaunissent, on les met en gerbes, de distance en distance, et on laisse la maturation se faire ainsi.

Avec les pavots à graine blanche, on ne prend pas la peine de gerber; on attend que les têtes soient mûres, on les coupe; on les jette, au fur et à mesure, dans des sacs; après quoi, on les étend sur le grenier de la ferme, par couches minces, et on les remue de temps en temps jusqu'à ce qu'elles soient bien sèches et résonnent bien. Enfin, on les égrène, soit en coupant le dessus de la tête avec un couteau, soit en écrasant les capsules au fléau.

Les terres cuites et les cendres de bois sont favorables à la culture des pavots. Ainsi, dans les forêts du Châtillonnais, on rencontre des gardes qui les cultivent sur les places à charbon et sur celles où l'on a brûlé des ramilles.

Toute plante qui porte des graines oléagineuses est très-épuisante. Le fumier de mouton leur convient. On fera bien aussi de rendre les tourteaux au terrain qui aura porté la plante.

L'huile de pavot, dite huile d'œillette, est estimée. Elle entre pour une quantité très-notable dans la falsification de celle que le commerce de détail vend pour de l'huile d'olive. L'huile d'œillette, sans mélange et faite à chaud, a une saveur de vase de marais.

Colza. — C'est dans le courant de juillet qu'on sème le colza d'hiver, à raison de huit ou neuf litres de graines par hectare. On choisit, à cet effet, un terrain argileux, sablonneux, profond, et bien égoutté par des assainissements de toute nature. Les meilleurs colzas sont ceux qui viennent dans un pré rompu, où les inondations de chaque année ont déposé beaucoup de limon chargé de sable fin. On sème aussi sur trèfle rompu, après un seul labour, sur jachère labourée et fumée convenablement, et enfin sur l'emplacement de récoltes enlevées de bonne heure, en juin par exemple. On enterre la graine avec la herse ; puis, si le sol est très-léger, on roule fortement pour garantir les graines de la plante contre l'ardeur du soleil.

Il importe que le colza soit semé en riche terre, car le cultivateur a un grand intérêt à ce que la pousse soit rapide. Plus elle a de vigueur, plus elle a de chances de se sauver de l'attaque des altises, connues sous le nom vulgaire de puces de terre.

Je vous recommande de nourrir les colzas avec du fumier de mouton ; vous vous en trouverez bien.

C'est dans le courant de septembre ou au commencement d'octobre qu'on sarcle les colzas d'hiver. Au printemps suivant, on les sarcle de nouveau, plutôt deux fois qu'une, quand on le peut, on les récolte vers la fin de juin ou dans les premiers jours de juillet, lorsque les siliques jaunissent, deviennent transparentes et laissent voir, à travers, les graines qui brunissent. Si l'on attendait plus longtemps, les siliques s'ouvriraient, et le cultivateur essuierait des pertes considérables. On met en petites meules les brassées de colza ; la maturité s'achève, et, au bout d'une huitaine de jours, on les transporte à la ferme dans des chariots ou des charrettes garnis de draps. Une fois le colza battu, on place la graine, sans la vanner, dans un grenier aéré, et par couches minces. On la remue fréquemment avec une pelle de bois, afin d'empêcher l'échauffement, c'est-à-dire la fermentation, et enfin on vanne au moment de la vente. Un hectare de terre ordinaire à blé produit de 25 à 30 hectolitres de colza. Sur un pré rompu, on produit presque le double.

Je ne vous ai parlé que des semailles à la volée. On peut semer aussi en lignes et en pépinière, pour transplanter en octobre. Mais la transplantation sur une grande échelle nécessite des frais de main-d'œuvre considérables; et non-seulement la main-d'œuvre est chère, elle est en outre fort rare dans la plupart de nos campagnes.

Après une bonne récolte de colza ou de navette, vous êtes presque sûr d'avoir une bonne récolte de froment. Si la récolte de colza ou de navette a été mauvaise, celle de froment le sera également. Et la raison de la chose, c'est que dans les colzas et les navettes qui ne réussissent point, il pousse considérablement de mauvaises herbes que l'on ne détruit pas et qui mangent l'engrais du sol. — Le colza de printemps se sème en mai. La récolte n'est pas toujours assurée sous les climats tempérés et secs; en Belgique, c'est différent.

Navette. — La navette est un peu moins difficile que le colza sur les terrains; mais, comme lui, elle recherche ceux qui sont siliceux ou argileux. On la sème plus tard que le colza, dans le courant du mois d'août, et à raison de huit à dix litres de graines par hectare. On l'enterre avec la herse, à deux pouces environ de profondeur. Même culture, d'ailleurs, que pour le colza, mêmes soins pour la récolter. Elle produit moins; mais l'huile de navette est préférable à celle de colza : nos cultivateurs introduisent la première dans leur nourriture, et n'y introduisent pas la seconde.

Nous avons la navette de printemps, comme nous avons le colza de printemps. On sème cette navette dans les premiers jours de juin, après deux ou trois bons labours, en terre sablonneuse, fraîche, mais bien assainie.

CAMÉLINE. — On sème cette plante oléagineuse à la volée, à raison de huit ou neuf litres par hectare. C'est dans la seconde quinzaine de mai que se fait la semaille dans les terrains argileux, et huit ou quinze jours plus tard dans les terrains sablonneux, siliceux. Même culture que pour les autres oléagineuses. Cette plante offre l'avantage de n'être pas attaquée par les pucerons. On la récolte en septembre, et, à la place, on met ordinairement du froment.

MOUTARDE BLANCHE. — Cette plante est connue dans certaines campagnes sous le nom de *graine de beürre*, à cause peut-être de la couleur de cette graine, et d'*huile de beurre,* à cause de la consistance de son huile. On la sème vers la fin d'avril, dans le courant de mai, et même en juin, à raison de neuf ou dix litres par hectare. On la récolte en même temps que la caméline ; les terres qui conviennent à l'une conviennent à l'autre.

Maintenant que nous en avons fini avec les plantes oléagineuses cultivées le plus communément dans notre pays, je vous recommande bien de rendre autant que possible les pailles et les tourteaux aux terrains qui auront fourni les récoltes. Les pailles sont en général dures et considérées comme étant de nulle valeur. Détrompez-vous : elles sont très-riches en silice et donnent un bon engrais, quand, après les avoir broyées, on les a jetées dans une mare d'eau de fumier.

XV

PLANTES TEXTILES

Lin. — On appelle plantes textiles le lin et le chanvre, deux plantes que vous connaissez tous et que l'on teille pour avoir de la filasse. Le lin est celle qui fournit la filasse la plus fine : quand on a dit toile de lin, on a tout dit; la toile de chanvre ne vient qu'après. Donc à tout seigneur, tout honneur.

Pour cultiver le lin, il faut non-seulement une terre excellente, profonde et bien ameublie par plusieurs labours; il faut encore ce que j'appellerai une terre faite de longue main, dans laquelle l'engrais soit consommé, réduit à l'état d'humus et à peu près également réparti. Si vous donniez un fumier neuf à la graine de lin, vous auriez une pousse inégale : ici des tiges branchues, là des tiges grêles et étiolées. Mauvais résultat. L'important dans la culture du lin, c'est d'obtenir des tiges, droites, simples, élancées et approchant de même grosseur. C'est pour cela, encore une fois, que je vous recommande de choisir des terrains en parfait état de produire sans le secours d'une fumure immédiate, ou un pré rompu.

Vous sèmerez, vers la fin de mars ou dans le courant d'avril, près de trois cents litres de graine de lin de Riga par hectare, et l'enterrerez à la herse. En même temps, vous pourrez semer dessus de la luzerne, du trèfle ou des carottes, qui réussiront.

Quand le lin sera levé, vous le sarclerez avec soin et enlèverez les mauvaises herbes. La réussite dépend de la propreté du sol.

On récolte le lin au mois d'août. Lorsqu'on s'aperçoit que les feuilles jaunissent le long de la tige, il est mûr. On l'arrache alors, on le lie par poignées que l'on place debout sur le champ, de loin en loin et par petits groupes. Le lin sèche ainsi à l'air et au soleil, et, une fois sec, on bat la graine sur un billot avec une de ces palettes en bois dont se servent les lavandières pour battre le linge. Il ne reste plus qu'à porter les tiges au routoir. On rouit le lin soit en eau dormante, soit en eau courante, soit enfin sur le pré, à la rosée ou à la pluie. Le premier procédé me paraît le meilleur; la fermentation du lin se fait avec plus d'ensemble, avec plus de régularité; la gomme qui tient à la filasse se dissout mieux.

Je ne vous dirai pas combien il faut de jours pour rouir le lin. Cela varie: cela dépend de l'eau, de la température, du climat. C'est une question de pratique locale et de tâtonnements.

Aussitôt roui à point, aussitôt retiré de l'eau et étendu au soleil, puis teillé, peigné et filé.

Quant à la graine, il arrive souvent que la récolte ne double point la semence.

On ne doit pas ramener souvent le lin à la même place; on ne doit pas non plus se servir de la graine récoltée en août, comme nous venons de l'indiquer, pour faire les semailles de l'année suivante. Ces graines n'ont pas été récoltées dans de bonnes conditions.

De deux choses l'une : ou achetez de la graine de lin de Riga, ou faites un semis clair, et attendez pour arracher le lin, que les graines soient complétement mûres sur pied.

On cultive aussi le lin uniquement pour sa filasse. C'est ce qu'on appelle le lin de fin. On sème très-dru dans ce cas ; on soutient les tiges contre les coups de vent et les pluies, au moyen d'un réseau de perches et de baguettes, et l'on récolte de très-bonne heure.

CHANVRE. — Pour cultiver le chanvre, comme pour cultiver le lin, il faut choisir un terrain riche et très-profond, éviter les engrais qui donnent des pousses inégales, se servir de fumier bien pourri ou de curures de routoir bien égouttées. Mathieu de Dombasle recommande de creuser bas les sillons au moment du dernier labour, de semer très-dru quand la terre se ressent encore d'une pluie abondante et d'enfouir à la herse. C'est en mai qu'a lieu cette opération.

Au moment des semailles, prenez garde aux pigeons ; au moment de la levée et dans les premiers jours qui suivent, prenez garde aux moineaux, car ils sont très-friands des jeunes brins de chanvre. Ne vous fiez pas trop aux mannequins pour les effrayer ; faites le service de garde vous-mêmes.

Pour le chanvre, c'est comme pour le lin : plus les tiges sont élevées, plus elles valent. Celles qui sont énormes et branchues donnent une filasse de mauvaise qualité. Aussi, est-ce pour les éviter que l'on sème dru, à raison de deux cent cinquante à trois cents litres de graine.

Chez nous, on récolte le chanvre en deux fois. On commence par arracher le mâle quand ses feuilles jaunissent, et ce n'est qu'une quinzaine de jours après qu'on arrache les brins de chanvre femelle, ceux qui portent la graine. Le premier tiré de terre donne la meilleure filasse ; il y aurait donc avantage à tirer femelle et mâle en même temps. Le chènevis utilisé pour la nourriture de la volaille ou pour fabriquer de l'huile, n'offre pas, à mon avis, une compensation suffisante. Je sacrifierais volontiers la graine à la qualité de la filasse.

Une fois le chanvre arraché, on en forme de petits paquets qu'on lie en haut et en bas avec des tiges avortées; et à mesure que l'opération s'exécute, un homme, armé d'une hache, coupe les racines de ces petits paquets sur une traverse de bois. On fixe ensuite de longues perches à des pieux, sur le champ même, et l'on range à la file, et de chaque côté des perches en question, les paquets de chanvre séparés des racines. Les feuilles et la graine sèchent ainsi. Quand le temps est favorable, on ramasse les mauvaises herbes du sol et les racines coupées, et l'on s'en sert pour protéger contre les pluies la tête du chanvre étendu.

Lorsque feuilles et graines sont sèches, on apporte, dans le champ, de vieux tonneaux défoncés par un bout. Puis des femmes prennent un à un les paquets de chanvre, leur mettent les pieds en haut et la tête en bas dans le tonneau, et frappent les graines contre les douves

Il ne reste plus ensuite qu'à rouir les tiges. L'opération du rouissage est la même que pour le lin.

Il est d'usage de brûler sur les terres à chanvre et les racines coupées et les mauvais herbes qui abondent. L'usage est bon.

La graine de chanvre pour semence se tire ordinairement de pieds semés isolément dans les plantations de pommes de terre et de maïs. C'est la meilleure.

XVI

PLANTES TINCTORIALES.

Je ne vous dirai que peu de mots, mes amis, à propos des plantes tinctoriales, continua M. Mathieu, car, à l'exception d'une seule, la gaude, leur culture est difficile; et puis, dans le pays où nous sommes, il n'est pas aisé de se défaire des produits. On appelle plantes tinctoriales celles qui sont recherchées par les teinturiers pour colorer les étoffes. Pour la couleur jaune, par exemple, c'est la gaude; pour la couleur rouge, c'est la garance.

Ce que je veux seulement vous faire remarquer à propos des plantes tinctoriales, c'est une particularité à laquelle on ne s'est pas assez attaché et qui me paraît importante pour les cultivateurs. Toutes les plantes, tous les végétaux qui donnent des couleurs, recherchent les terrains calcaires, pauvres ou riches. Les terrains argileux et humides leur déplaisent. Il doit y avoir une raison là-dessous; tout à l'heure, nous la chercherons. Je commence par vous indiquer des faits.

Les racines d'orties contiennent une couleur jaune dont se servent quelquefois nos ménagères pour teindre les œufs de Pâques. Eh bien, vous remarquerez que les orties recherchent le calcaire. Elles viennent volontiers dans la pierraille, au pied des murs, dans le mortier qui est resté à terre.

Les racines du vinettier, de l'épine-vinette, comme on dit d'ordinaire, fournissent aux teinturiers une couleur olivâtre. Où vont-ils la chercher? Dans les sols calcaires des montagnes.

La gaude, la garance, le pastel ne préfèrent-ils pas les terrains calcaires à tous les autres?

Les fleurs de nos montagnes calcaires ne sont-elles pas plus vives en couleurs, plus éclatantes que nos fleurs de plaines ou des terrains argileux?

Nos vins rouges des coteaux calcaires ne sont-ils pas plus riches en couleur que notre piquette de la plaine?

Nos vins blancs des coteaux calcaires n'ont-ils pas un ton chaud, doré, plein de vie, tandis que nos vins blancs des terres argileuses ont la teinte de l'eau de source?

Les pommes de terre venues dans les terrains calcaires n'ont-elles pas une chair jaunâtre, tandis que celles venues dans l'argile ont une chair blanchâtre qui ne flatte point l'œil?

De ce que vous venez d'entendre, il suit que si jamais vous avez à cultiver des plantes tinctoriales, vous n'hésiterez pas à leur réserver les sols calcaires.

Et notez, en outre, que les terrains calcaires ne favorisent pas seulement les couleurs, ils favorisent aussi la production du sucre et des aromes, tandis que les sols argileux et humides la diminuent. Les fruits venus en terre sèche calcaire sont plus sucrés, plus savoureux que les autres; les plantes et les fleurs ont aussi l'odeur plus pénétrante, l'arome plus suave.

Si donc vous plantez en terre humide, marécageuse ou argileuse, vous récolterez des fruits ou des fleurs qui ne vaudront, pour la qualité, ni les fleurs ni les fruits que l'on plante dans un sol où domine le calcaire. Par conséquent, lorsque vous faites cas de la qualité, ne craignez point de fumer les plantations de cette nature avec des cendres de bois, des cendres de houille, de la chaux fusée, roulée dans de la terre, et au besoin avec des coquilles d'huîtres broyées, des plâtras et des terres cuites.

Je vous disais, il y a un instant, qu'il devait y avoir une raison là-dessous. Je n'affirme pas la tenir, cette raison; mais je la soupçonne et je veux vous en faire part.

Où l'humidité domine, et c'est le cas des terrains argileux et marécageux, les acides qui se forment avec les feuilles pourries des végétaux, descendent aux racines, puis remontent aux tiges, aux feuilles, aux fleurs, aux fruits, et pourraient fort bien détruire une partie de la matière sucrée, de la matière colorante et de l'arome. Dans les terrains calcaires, au contraire, les acides aussitôt formés se marient avec la chaux, ainsi que nous l'avons vu, et ne peuvent rien détruire. Pétrissez un peu de terre glaise avec quelques gouttes de vinaigre, et portez-la ensuite à votre bouche, vous sentirez toute la force du vinaigre. Pétrissez, au contraire, des cendres avec le même acide, il se produira une ébullition, et quand elle sera terminée, vous pourrez les porter à votre bouche, et vous apprécierez la différence. La force du vinaigre aura disparu.

Si cette raison n'est pas la bonne, s'écria M. Mathieu, qu'on m'en indique une autre!

XVII

DES PRAIRIES NATURELLES OU PERMANENTES.

Un cours sur la culture des champs, reprit M. Mathieu, ne serait pas complet, si je ne vous disais, avant de nous séparer, quelques mots sur les prairies naturelles. On les appelle aussi permanentes, et c'est justice; souvent, elles ne sont que trop permanentes, car j'en sais d'aucunes qui durent depuis plusieurs vies d'homme et ne s'en portent pas mieux pour autant. Qui dit pré dit foin, et qui dit foin dit tout. C'était l'avis des anciens, et c'est encore l'avis de nos cultivateurs d'aujourd'hui. Les bons chevaux, les bons fumiers et les bonnes récoltes sortent de là. Aussi, je ne vous le cache pas, j'aime les prés et les veux bien entretenus. C'est ce qui ne se voit pas toujours. Je voudrais qu'on en fît de nouveaux; je voudrais qu'on rompît ceux qui ne valent rien et qu'on les remît en herbe un peu plus tard: c'est ce qu'il n'est pas commode de faire entrer dans la tête de nos cultivateurs. Les trois quarts ne savent pas comment on fait un pré; les trois quarts ne peuvent pas se décider à mettre la charrue dans leur prairie usée. Quant aux prés en rapport, ils les soignent mal la plupart du temps. Lorsqu'ils ont assaini et irrigué, ils croient la besogne à peu près finie. Pour l'engrais, ils s'en rapportent aux inondations, aux égouts qui descendent de chez le voisin, et pour le renouvellement de la terre, aux taupes qui ramènent en dessus ce qui était en dessous. Ils n'ont pas d'engrais pour les prés; selon leur manière de voir, ce serait du luxe. Quand le troupeau de la commune y passe et y broute, le mal n'est pas très-grand; les bêtes fument et l'herbe se soutient; mais quand le troupeau n'y passe point, quand on se réserve un regain que l'on fauche au lieu de le faire pâturer, il y a double emprunt fait au sol et pas de restitution. Voilà le mal. C'est ainsi que la plupart de nos cultivateurs perdent leurs prairies naturelles.

— Pardon, monsieur Mathieu, dit Jean-Pierre, mais il me semble que vous allez un peu vite. Si c'était un effet de votre bonté de nous apprendre d'abord la manière de faire une prairie, nous verrions plus tard ensemble la manière de l'entretenir.

—Parfaitement juste, répondit M. Mathieu; pour bien finir, il s'agit de bien commencer. Et d'abord, mon garçon, tu sauras que la manière de faire un pré n'est pas la même pour tous les terrains; ça change avec la nature de chacun d'eux.

— C'est facile à comprendre; cependant, m'est avis que s'il y a moyen de mettre en pré toutes sortes de terres, il doit y en avoir dans le nombre qui conviennent mieux pour la chose que d'autres.

— C'est vrai, répondit M. Mathieu; les terres qui conviennent surtout sont celles qui sont plutôt légères que fortes et qui ont le sous-sol assez profond et assez frais. Les terres sablonneuses et argileuses des terrains schisteux, les terres sablonneuses et d'alluvion qui se sont déposées à la longue dans le voisinage des fleuves et des rivières, sont, selon moi, les meilleures entre toutes. Les terrains calcaires brûlants ne conviennent, pour établir des prairies naturelles, qu'autant qu'il devient possible de les arroser à volonté. Dans ce cas particulier, ils donnent une herbe excellente. Les sols argileux compactes ne peuvent être mis en pré qu'après avoir été bien saignés dans tous les sens et ameublis par une longue et bonne culture; les sols tourbeux, enfin, ceux qui sont constamment mouillés et remuent sous les pieds des passants, ne peuvent être convertis en prairies naturelles qu'après avoir été assainis énergiquement par le drainage ou des fossés ordinaires.

—Est-ce qu'il est absolument nécessaire, demanda Jean-Pierre, d'acheter des tuyaux de terre cuite pour arranger ce drainage?

—Oui, quand on n'a pas de pierres sous la main; mais quand les pierres ne manquent pas on peut se passer de tuyaux et faire des canaux, qui les valent. Une fois le fossé creusé, tu mets de chaque côté une pierre, puis une troisième en couverture; après quoi, tu charges de terre.

—Est-ce que les fossés demandent à être profonds?

—Cela dépend. Les gens du métier assurent qu'il n'y a pas d'inconvénient à leur donner 1 mètre 20 centimètres ou 1 mètre 50 centimètres; cependant, il y a lieu d'en rabattre dans bien des cas, et j'en sais qui ne vont pas à plus de 50 centimètres pour les rigoles, et s'en trouvent bien.

—Supposons, dit Jean-Pierre, que nous ayons un terrain qui nous convienne, que notre choix soit fait, que l'assainissement ne laisse plus rien à désirer, par où continuerons-nous la besogne?

—Tu commenceras par le mettre en parfait état de culture. Si c'est une friche, tu lui donneras un labour peu profond et tu sèmeras sur ce labour ou du lin ou du colza, ou bien encore tu y planteras des pommes de terre qui te fourniront une bonne récolte et nettoieront bien le sol. La récolte faite, tu laboureras profondément en automne; tu laboureras plus profondément encore au printemps; puis tu herseras dans tous les sens et tu uniras le mieux possible. Après cela, tu pourras semer une avoine ou une orge de printemps, et tout aussitôt de la graine de pré parmi l'avoine ou l'orge. A l'automne, tu auras déjà de l'herbe assez forte pour tenir tête aux rigueurs de l'hiver.

— Bien obligé, monsieur Mathieu, reprit Jean-Pierre; seulement, vous me permettrez de vous dire que je n'ai pas de friches et que je me vois forcé de mettre en pré de vieilles terres cultivées.

— Dans ce cas, commence par les fumer copieusement avec des engrais bien pourris; ensuite, tu y planteras soit des pommes de terre, soit des betteraves, soit toute autre plante sarclée qui t'obligera de biner et de nettoyer le mieux possible les champs en question. Aussitôt après la récolte des tubercules ou des racines, tu donneras un coup de charrue préparatoire, et un second coup à la sortie de l'hiver; tu feras suivre ce labour de hersages croisés; tu sèmeras une avoine, et dans cette avoine des graines de pré que tu enterreras très-légèrement avec la herse à dents de bois. Puis tu rouleras, autant que possible, avec le rouleau squelette ou le rouleau pied de mouton. Comme dans le premier cas, tu obtiendras de l'herbe déjà forte et bien enracinée à l'approche de l'hiver. Mais note bien ceci : Pour que l'opération réussisse, ne sème pas ton avoine trop serrée; sème-la, au contraire, un peu claire, afin qu'elle n'étouffe pas la jeune herbe. Sous les climats tempérés, tu pourrais, en outre, semer les graines de pré en même temps que le froment d'automne, ou toutes seules vers la fin d'août, ou enfin au mois de juin, dans une récolte de sarrasin; mais, tout bien compté et bien prévu, il y a, je le crois, de l'avantage à s'en tenir aux semailles de printemps, soit en même temps que l'avoine ou l'orge, soit même après la levée de ces deux céréales; ce qui n'empêche ni de herser légèrement, ni de rouler.

— Pour que l'on sème ainsi deux récoltes en même temps, dit Jean-Pierre, il y a donc profit bien sûr à le faire?

— Les cultivateurs le croient, répondit M. Mathieu, mais la question est encore à débattre. On est enchanté de ne pas avoir d'interruption dans les récoltes; mais l'on ne s'aperçoit pas que l'avoine ou l'orge vivent de quelque chose, que ce quelque chose-là est pris sur la nourriture de l'herbe, et que ce que l'on croit gagner d'un côté pourrait bien être perdu de l'autre. Je t'assure que si j'avais affaire à une terre bien préparée, j'y sèmerais tout de suite ma graine de pré au printemps, au risque de faire rire les voisins, et dès l'automne de la même année, je pourrais faire pâturer l'herbe par les moutons. Avec l'ancien système, on est obligé d'attendre l'année suivante.

— On dit pourtant que les moutons broutent l'herbe jusqu'au collet.

— C'est vrai; mais c'est égal, l'herbe ainsi broutée ne gazonnera que mieux; et puis, remarque qu'elle sera fumée sur place et repoussera à faire plaisir. En m'y prenant ainsi, j'aurais une prairie en plein rapport dès la seconde année; autrement, il ne faut y compter qu'à la troisième, à moins que ce ne soit dans les contrées humides qui se rapprochent du Nord, et où quelquefois la graine de foin semée à la sortie de l'hiver fournit déjà une coupe passable à la fin de l'été.

— Est-ce qu'il n'y a pas de choix parmi les graines de pré? demanda Jean-Pierre.

— Oh, que si, mon garçon. Dans nos villages, lorsqu'on fait des prairies naturelles, on a la fâcheuse habitude d'ensemencer avec du poussier de foin qui contient plus de mauvaises graines que de bonnes. Or, qui sème de l'ivraie est parfaitement sûr de ne pas récolter du froment; qui sème de la mauvaise herbe ne saurait non plus en récolter de la bonne. Ce qu'il y a de mieux à faire en pareil cas, c'est de prendre la peine de récolter soi-même sa semence au moment où mûrissent les graines des plantes que l'on sait d'excellente qualité C'est, je le sais, une besogne lente, longue et ennuyeuse mais je sais aussi que le temps employé à l'exécute sera toujours bien payé par les résultats. Si l'on n veut pas se donner cette peine, on peut acheter sa se mence chez les grainetiers des grandes villes, qui l font payer de 45 à 60 francs pour l'hectare. C'est cher il est vrai ; mais il ne faut pas y regarder de trop prè Quand on sème un pré, ce n'est ni pour six mois, ni pou un an.

— La nature des graines à semer, continua M. Ma thieu, varie nécesssairement plus ou moins avec nature des terrains, leur état de sécheresse ou de fra cheur et les climats sous lesquels on opère. Ainsi, pou notre compte, si nous avions à semer de la graine c foin dans des prés secs et un peu arides, nous chois rions, parmi les graminées, la flouve odorante, q réussit dans tous les sols ; la brize moyenne, jolie peti plante connue encore sous le nom d'amourette trer blante; la houlque laineuse, qui s'acommode aussi tous les sols; l'arrhénatère élevée ou fromental ; l'avoi jaunâtre; la fétuque rouge des prés secs calcaires, enfin l'ivraie vivace, qui est le ray-grass des Anglais pousse à peu près bien dans toutes les terr comme sous tous les climats. Dans la même circo stance, et pour varier le plus possible les plantes fourr gères, je sèmerais avec les graminées que je viens citer, un peu de pimprenelle vivace, qui fleurit de m jusqu'en septembre; d'anthyllide vulnéraire, qui affe tionne surtout les terrains secs calcaires et fleurit mai en juillet. J'adjoindrais à ces plantes le trèfle ra pant ou coucou blanc, qui croît dans les terrains se les plus médiocres et donne ses fleurs blanchâtres mai en septembre; le trèfle jaunâtre, qui recherche l terres sèches et montueuses des terrains primitifs, a trement dits granitiques, schisteux, siliceux ; la luzer lupuline ou minette, qui, tout en affectionnant les pr frais et riches, ne laisse pas de pousser assez bien da ceux qui sont secs et pauvres, et destinés au pâturage; le lotier corniculé qui réussit partout; la véronique officinale; la brunelle commune et la centaurée jacée.

— Tous ces noms-là, mon pauvre Jean-Pierre, ne sont pas des noms de chez nous et te paraîtront difficiles à retenir, reprit M. Mathieu; mais je te les donnerai par écrit au crayon ou à l'encre, et il y a gros à parier qu'à force de les voir et de les revoir, tu finiras par t'y habituer.

— Bien obligé, dit Jean-Pierre.

— Maintenant, poursuivit M. Mathieu, si, au lieu d'avoir affaire à des terrains secs et d'une végétation peu active, j'avais à ensemencer en pré des terres fraîches, mais pas trop humides, j'y sèmerais la phléole des prés, le vulpin des prés, le dactyle pelotonné et le pâturin des prés. Je pourrais même y ajouter avec avantage la fétuque des prés et l'agrostide traçante. Rien n'empêcherait non plus d'y mettre celles des graminées qui vivent dans tous les sols et que je te citais tout à l'heure, comme qui dirait la flouve odorante, la houlque laineuse, l'arrhénatère élevée ou fromental et l'ivraie vivace ou ray-grass. En dehors des graminées, je pourrais semer encore, pour compléter la chose, l'alchémille commune qui demande les terrains primitifs, granit ou schiste, et fleurit de mai à juin; le trèfle des prés à fleurs d'un rouge clair, qui aime les terres argileuses fraîches et les climats humides; la luzerne cultivée ou ordinaire; la lupuline ou minette; le lotier corniculé; la bugle rampante; la centaurée jacée; le carvi officinal ou cumin des prés, propre surtout aux terrains argilo-calcaires; le selin à feuilles de carvi, qui aime l'humidité, et enfin le silaiis des prés, qui recherche aussi les argiles fraîches.

— Tout ceci est bel et bon, dit Jean-Pierre; mais une chose m'embarrasse : c'est la quantité des diverses graines à mettre ensemble pour qu'il n'y ait rien à redire sur les proportions.

— C'est, répondit M. Mathieu une affaire d'appréciation que je laisse au jugement ou à la fantaisie de ceux qui ont l'intention de créer des prairies permanentes. Il me suffira, pour te jalonner la route et t'empêcher de prendre trop à droite ou trop à gauche, de te dire que si chacune des graines de graminées devait être semée seule, il en faudrait par hectare 5 kilos pour l'agrostide traçante, 100 kilos pour l'arrhénatère élevée ou fromental; 40 kilos pour le dactyle pelotonné, 50 kilos pour la fétuque des prés, 25 kilos pour la phléole des prés, 25 kilos pour la houlque laineuse, 40 kilos pour l'ivraie vivace ou ray-grass, et 20 kilos pour le pâturin des prés. Tu vois, d'après ces chiffres, que les unes tallent beaucoup, tandis que les autres ne tallent guère; à toi maintenant de les mélanger pour le mieux, de manière à n'avoir ni trop des unes ni pas assez des autres.

— Cela me suffit, monsieur Mathieu. J'ai mon terrain, mes graines sont semées, l'herbe pousse, les moutons l'ont broutée; les gazons sont faits, le voici en plein rapport. N'ai-je plus à présent qu'à me croiser les bras?

— Non, pardieu; tu auras à t'occuper des irrigations, à étendre les taupinières au printemps, soit avec la houe, soit avec l'étaupinoir; tu devras, à la même époque, fumer ta prairie avec des engrais légers, tels que composts de boues, de cendres de bois, de plâtras, de feuilles pourries, arrosés d'eaux de fumier, de lessive et de savon, ou bien encore avec du fumier de porc ou des pailles de colza et de navette pourries dans les égouts de basse-cour; ou bien enfin tu les arroseras à diverses reprises dans l'année, trois ou quatre fois par exemple, avec du purin étendu de quatre ou cinq fois son volume d'eau. Cette dernière manière de fumer les prairies est la manière anglaise, et c'est la bonne. En voici la preuve: — Quand nous récoltons, nous autres, de 9 à 12 milliers de foin sec par hectare, non compris le regain, nous sommes contents; les Anglais, eux, vont au double et ne se contentent pas encore. Imitons-les; ne laissons point perdre les eaux de fumier, fabriquons-en même comme eux en délayant du fumier bien pourri dans de l'eau; puis arrosons en veux-tu en voilà. Nous n'obtiendrons pas ainsi de l'herbe de toute première qualité, c'est sûr; mais elle ne sera pas non plus de qualité mauvaise, et, en revanche, nous en aurons des chariots à ne plus savoir où loger le fourrage. Alors, au lieu d'envoyer nos bêtes par les champs, nous pourrons les nourrir à l'étable une bonne partie du jour; nous pourrons, sans inconvénient, augmenter le nombre de têtes. Il s'ensuivra que nous fabriquerons plus de fumier qu'à présent, qu'il nous sera facile de mieux engraisser nos terres, de récolter plus en paille et en grain, en un mot, de gagner plus de pièces de cinq francs que nous ne gagnons de gros sous à cette heure.

— Remarque bien, Jean-Pierre, que l'herbe des prés ne vit pas plus de l'air qui court que l'herbe des champs. Si tu la nourris mal, elle poussera mal; si tu la nourris bien, elle te remboursera largement de tes sacrifices. C'est ce que les cultivateurs ne veulent pas se mettre dans la tête. La plupart s'imaginent que les prairies se contentent des irrigations, que l'eau nourrit suffisamment pour qu'on n'ait plus besoin de s'en occuper. C'est là une grosse erreur, ne l'oublie pas : l'eau conduit les engrais, les porte aux racines, rafraîchit les plantes qui ont soif, mais elle ne leur donne pas grande force par elle-même. Les eaux que l'on dit bonnes sont celles qui roulent du limon, de la terre neuve, de l'engrais des terres labourées; mais ne me parle point des eaux claires, de celles qui ne roulent rien. Veux-tu les rendre bonnes, celles-ci? Fais-les passer d'abord dans un large trou rempli de fumier, de cendres et de chaux; remue bien le tout au moment où elles passent, et lance-les ensuite dans les rigoles. Ainsi traitées, les eaux se chargeront d'engrais et deviendront excellentes, alors même qu'elles t'arriveraient d'un marais, d'une fange, d'un bois, et seraient acides. Elles perdront leur acidité en passant.

— Fumer les prairies tous les ans, poursuivit M. Mathieu, c'est le seul moyen de les améliorer et d'en tirer de grosses ressources. Essaye la recette, Jean-Pierre; essaye-la tout de suite, aussitôt le printemps venu, et tu m'en donneras des nouvelles à l'automne, quand tu ne sauras plus où loger ta première coupe et ton regain, et que tu te verras forcé d'établir une meule à coté de ta maison. Ce n'est pas tout : tu sais, mon garçon, que les méchantes herbes qui viennent toutes seules dans les récoltes, nuisent à l'abondance et à la beauté des produits, et que sans les sarclages on n'obtient rien qui vaille. Tu sarcleras tes froments, ton lin, ton colza, tes pommes de terre, tes betteraves, tes navets, et tu t'en trouveras bien; pourquoi donc te trouverais-tu mal de sarcler aussi tes prairies ?

Ici, Jean-Pierre partit d'un gros éclat de rire et demanda à M. Mathieu s'il entendait se moquer de lui.

— Je m'y attendais, reprit celui-ci; le sarclage des prairies te produit l'effet d'une opération ridicule: c'est que tu n'en as jamais entendu parler; c'est que tu ne connais pas le premier mot de ce qui se passe sous ce rapport en Angleterre et en Belgique, dans le pays de Herve où, on enlève à la main et à l'outil, une par une, les mauvaises herbes qui tiennent la place des bonnes; et, comme cela se pratique de mémoire d'homme, il y a lieu de croire que le profit paye la peine, car les gens ne sarclent point pour leur plaisir, Tu auras soin aussi, Jean-Pierre, de herser énergiquement tes prés chaque année, et plutôt deux fois qu'une, avec la herse à dents de fer, la veille ou l'avant-veille de fumer. La herse enlèvera la mousse, s'il y en a, coupera un certain nombre de racines, de façon à en faire repousser quantité de petites; la herse ouvrira des raies qui donneront de l'air au gazon en dessus et en dessous, qui permettront à l'eau chargée d'engrais de pénétrer parfaitement dans le sol et de produire une végétation vigoureuse. On nous dit souvent: — La mousse s'est jetée sur nos prés, comment devons-nous faire pour les en débarrasser? — Et ceux-ci de répondre : — Semez de la suie ou semez de la chaux. — Il y a mieux à faire, Jean-Pierre : au lieu de songer à tuer la mousse par des moyens violents qui ne réussissent guère, empêchons-la tout bonnement de pousser. C'est plus facile et plus sûr. La mousse est un signe de maladie, pas autre chose; quand elle arrive, c'est que l'herbe n'en peut plus, et l'herbe n'en peut plus parce qu'on l'a laissée des demi-siècles ou des siècles sans la fumer, sans la soigner, la herser. Les prairies fumées et hersées régulièrement ne donnent pas de mousse, ou en donnent si peu que ce n'est pas la peine d'en parler.

— Avec les moyens que vous proposez, monsieur Mathieu, un pré bien entretenu pourrait donc durer une éternité? demanda Jean-Pierre.

— Assurément non : l'herbe, comme l'arbre, comme tout ce qui vit, doit avoir une fin ; seulement, avec de bons soins on allonge leur vie, on recule la fin en question. Je ne te dirai pas au juste le nombre d'années que peut vivre une prairie ; mais je te dirai qu'il n'est pas bon de la laisser partir de sa belle mort. Aussitôt que la récolte baisse, qu'elle ne rend plus ce qu'elle rendait, il y a dépérissement et profit pour le cultivateur à s'en défaire. Si la diminution de la récolte se fait au bout de dix, de quinze ou de vingt ans, peu importe, ne lésine pas, mets la charrue dans le pré, romps-le, puis cultive-le pendant trois ans et réensemence-le en graines de foin la quatrième année. On s'imagine communément que l'on joue gros jeu à cette opération, que l'on s'impose un lourd sacrifice ; n'en crois rien, Jean-Pierre, les trois récoltes qui suivent un pré sont assez riches pour indemniser le cultivateur d'une année ou deux d'attente. En rompant un pré, on ne change pas seulement la vieille herbe contre de la nouvelle, on remet aussi la terre en état, on lui donne de l'air et du soleil en la remuant. Un homme qui s'y connaissait, M. de Dombasle, recommande très-chaleureusement cette opération et dit que ses avantages sont immenses. Il conseille d'ensemencer les prés rompus après un seul labour, et d'y mettre ou du lin, ou des pommes de terre, ou des féveroles, ou de l'avoine, ou du colza. Le lin réussit à merveille dans ces sortes de défriches, sur un labour de 14 à 16 centimètres de profondeur, fait en mars et suivi d'énergiques hersages. Pour les pommes de terre, la récolte est assurée aussi. On ne saurait les planter à la charrue; on doit donc s'imposer le petit sacrifice de les planter à la houe ou à la bèche, après un labour de 18 à 22 centimètres, fait avec la charrue. Tout le monde sait que l'avoine, donne une récolte prodigieuse sur une défriche de gazon, et qu'il en est de même des féveroles, colza, navette et rutabagas. Tu veux rompre un pré usé pour trois années seulement? Plante, la première année, à la place de ce pré, des pommes de terre par exemple ; la seconde année, mets-y des rutabagas ou des betteraves, et la troisième année, sème de l'avoine avec des graines de foin. Veux-tu rompre un pré pour en tirer quatre récoltes? Sème du lin ou du colza la première année; des pommes de terre, des navets ou des betteraves, la seconde année; des carottes, la troisième année; de l'orge et de l'avoine avec des graines de pré, la quatrième année.

— Si ce n'était pas abuser de votre complaisance, monsieur Mathieu, je vous prierais de nous toucher un mot de l'irrigation, de nous dire comment l'on doit s'y prendre pour la mener convenablement.

— Il y a, mon garçon, plusieurs moyens d'arroser les prés. Quand ils n'ont pas de pente et qu'il se trouve dans le voisinage une rivière ou un fort ruisseau, on peut, en barrant l'eau, la jeter par-dessus les bords et submerger complétement la prairie. C'est ce qu'on appelle l'irrigation par submersion. Ce moyen-là n'est pas mauvais toutes les fois qu'on a affaire à de l'eau trouble, car, durant l'hiver, cette eau-là dépose de la vase qui réjouit l'herbe au printemps. Quand il y a de la pente, on s'arrange d'une autre façon: on irrigue, comme l'on dit, par reprises d'eau. C'est, à ce qu'on assure, et je le crois, un des meilleurs modes d'arrosement. Pour cela on prend l'eau à un des points les plus élevés de la prairie, soit dans un bassin, soit dans une rivière, soit dans un ruisseau; on l'amène dans un bief ou grand fossé, et de ce bief dans des rigoles étroites et très-peu profondes qui dépensent peu d'eau et sont toujours prêtes à déborder. Une fois l'eau dans ces rigoles, établies parallèlement les unes aux autres, il suffit de pratiquer de petits barrages de distance en distance avec un gazon, pour répandre l'eau uniformément et en couches très-minces sur toute la surface du pré. De là, en suivant la pente, elle va se rendre dans ce qu'on appelle le fossé de décharge. L'important, dans cette opération, c'est que l'eau ruisselle toujours sur le gazon et ne dorme nulle part, car l'eau qui dort gèle vite et fait du mal à l'herbe. L'important encore, c'est que les rigoles de conduite aient une pente très-douce, afin que l'eau n'y coure pas trop vite. Que si maintenant, Jean-Pierre, tu me demandais comment l'on doit s'y prendre pour ouvrir ces rigoles, je te répondrais que c'est une chose trop difficile à expliquer dans une conversation au coin du feu; c'est sur le terrain seulement, avec la règle ou le niveau en main, que cette chose-là peut être démontrée convenablement. Un jour ou l'autre, nous ferons ce travail ensemble; ou bien, si tu le préfères, demande une leçon à l'instituteur communal sur le terrain. Il y a une troisième sorte d'irrigation qui se nomme l'irrigation par infiltration. Celle-ci ne s'applique qu'aux prés rompus, mis en culture pendant trois ou quatre ans, puis réensemencés en herbe. On conserve à cet effet les raies des anciens champs; on les nettoie bien, et l'on y amène l'eau qui s'infiltre peu à peu dans le sol, et d'autant mieux que ce sol a été remué depuis peu avec la charrue.

— Voilà, mes amis, ce que j'avais à vous dire de la grande culture en général, et, en particulier, des prairies naturelles. Je vous demande quelques jours de repos, une huitaine tout au plus; après quoi je vous conterai dans nos veillées ce que je pense des arbres et des fruits.

Et, là-dessus, M. Mathieu, Jean-Pierre, Nicolas et les autres se serrèrent la main de bon cœur, les élèves disant : Grand merci ! et M. Mathieu répondant : Il n'y a pas de quoi.

TABLE DES MATIÈRES

FIN DE LA TABLE DES MATIÈRES.

Montereau. — Imp. L. ZANOTE.

CONSTRUCTIONS — INSTRUMENTS — ARTS AGRICOLES.

Architecte (Le Propriétaire); par VITRY. 2 v. in-4 et 100 gr. 20 »

Arts agricoles. 1 vol. in-4 de 500 pages et 530 gravures. . . 9 »
Forme le IIIe volume de la *Maison Rustique.*

Bergeries, Écuries, Étables, Porcheries, Poulaillers. V. *M. R.*, t. II et IV.

Boissons. Voir page 17. — Voir *Maison Rustique*, t. III.

Boulanger (Art du). Voir *Maison Rustique*, t. III.

Charbon (Fabrication du). Voir *Maison Rustique*, t. III et IV.

Charrue (Manuel de la), par CASANOVA. 1 vol. in-18 de 176 pages et 83 gravures. 1 75

Chemins (Construction, entretien des). Voir *M. R.*, t. I et IV.

Chemins ruraux (Code formulaire des); par BOST. 1 vol. in-8, de 172 pages 2 50

Chemins ruraux (des); par Saint-Martin, 1 brochure in-8, de 60 pages. . . . . 2 »

Clôtures rurales. Voir *Maison Rustique*, t. I.

Constructions rurales. Voir *Maison Rustique*, t. I et IV.

Constructions rurales (Manuel des); par BONA. 3e édition. 1 vol. in-18 de 296 pages. 3 50

Fécule (Fabrication de la). Voir *Maison Rustique*, t. III.

Ferme de Canisy; par DE KERGORLAY. 24 p. in-4 et 52 grav. 1 »

Huiles d'Olive, de Graines, etc. Voir *Maison Rustique*, t. III.

Instruments aratoires, Bêches, Charrues, Herses, Rouleaux, Semoirs, Brouettes, Charrettes, Extirpateurs, Ratissoires, Houes, Sarcloirs, Buttoirs, Sapes, Faux, etc. Voir *Maison Rustique*, t. I.

Laines (Triage, lavage, conservation des). Voir *M. R.*, t. III.

Machines à battre (Le conducteur de); par DAMEY. 1 vol. in-18 de 108 pages. 1 50

Machines à moissonner. Rapport du jury sur le Concours de 1859. 64 pages grand in-8, 34 gravures. . . . . 1 »

Machines à moissonner, à battre; Moulins, Pétrins. Voir *M. R.*, t. III.

Meulerie et Meunerie; par PIOT. 1 vol. in-8 de 370 pages et 12 planches. . . . . 12 »

Meules, Granges, Greniers. Voir *Maison Rustique*, t. I et IV.

Meunier (Art du). Voir *Maison Rustique*, t. III.

Résines et produits résineux. Voir *M. R.*, t. III.

AMENDEMENTS — ENGRAIS — CHIMIE — PHYSIQUE.

Amendements (Traité des). Marne, Chaux, diverses espèces d'Amendements; par PUVIS. 2e édit. 1 vol. in-12 de 440 pages. . . . 3 50

Cet ouvrage contient le mode d'emploi des Chaux, Phosphates et Hydrochlorates de chaux, Marne, Plâtre, Coquilles, Os moulus, Noir animal, Sel, Cendres Engrais de mer, Tourbe, Argile brûlée, Sels ammoniacaux, Sulfates de soude de fer, etc., etc., l'emploi simultané des Engrais et Amendements, Ecobuage

Amendements calcaires (Emploi et dosage des). 296 p. 2 50

Désinfection des villes, engrais complet dit engrais atmosphérique; par Okorski. 1 brochure in-8, de 24 pages et 3 tableaux. 1 »

Atmosphère (L'), le sol, les engrais; par BOBIERRE. 1 vol. in-12 de 632 pages. 5 »

Chaux (La), son emploi en agriculture; par PIÉRARD, ingénieur en chef des mines. 36 pages in-12. . . . . 0 75

Chimie agricole (Précis élémentaire de); par le docteur SACC. 2e édition. 1 vol. in-12 de 454 pages et 5 gravures. 3 50

Chimie agricole; par Isidore PIERRE, professeur de chimie à la Faculté de Caen. 4e édition. 1 vol. in-12 de 532 pages et 23 grav. . 4 »

Chimie usuelle appliquée à l'agriculture et à l'industrie; par STÖCKHARDT, traduite par BRUSTLEIN. 1 volume in-18 de 524 pages et 225 gravures. 4 50

Conservation des bois (Leçons sur la); par PAYEN, de l'académie des sciences. Une brochure in-8, de 40 pages. . . . . . 1 »

Coquilles animalisées, leur emploi en agriculture, par BORTIER. 1 »

Étude de terres arables; par PETIT-LAFITTE. 1 vol. in-18 de 160 pages. 1 50

Fumures (Formules des); par G. HEUZÉ. 1 brochure in 8 de 12 pages . . . . 1 »

Marne et Chaux employées en agriculture (Mémoire sur les avantages comparés) par MASURE. . . 1 brochure in-8o de 108 pages 1 50

Matières fertilisantes; par HEUZÉ. 4e édition. 1 vol. in-8 de 708 pages. . . . . 9 »

Notice sur les Composts, les fumiers et le plâtre employés comme engrais. 1 brochure in-8 de 34 pages, ... » 50

Nouvelle méthode pour la fabrication économique des engrais; par Pierre JAUFFRET. 1 broch. in-8 de 56 p. et 1 pl. 3 »

Phosphates de chaux (Fabrication et emploi des) en Angleterre; par A. RONNA, ingénieur. 1 vol. in-18 de 162 pages

EXTRAIT DU CATALOGUE DE LA LIBRAIRIE AGRICOLE

AGRICULTURE (Cours d'), par *de Gasparin*. 6 vol. in-8 et 233 gravures. 39 50
BON FERMIER (Le), par *Barral*. 1 vol in-12 de 1,448 p. et 200 grav. . . . . . 7 »
BON JARDINIER (Le), almanach horticole, par MM. *Poiteau, Vilmorin, Bailly, Naudin, Neuman, Pépin*. 1 vol. in-12 de 1 616 pages et 15 gravures. . . . 7 »
BOTANIQUE POPULAIRE, par *H. Lecoq*. 1 vol. 432 pages et 215 gravures. . . . 3 50
CHEVAUX (Manuel de l'éleveur de), par *Villeroy*. 2 vol. in-8 avec 121 gravures. . 12 »
DRAINAGE DES TERRES ARABLES, par *Barral*. 2 vol. in-12, 960 p., 443 gr. 7 »
JOURNAL D'AGRICULTURE PRATIQUE, sous la direction de M. *Barral*.— Une livraison de 64 pages in-4, paraissant les 5 et 20 du mois, avec de nombreuses gravures noires et une gravure coloriée par numéro. — Un an. . . . . 19 »
LAITERIE, BEURRE ET FROMAGES, par *Villeroy*, 1 vol in-18 de 586 pages et 54 gravures. 3 50
MAISON RUSTIQUE DU 19e SIÈCLE, 5 vol. in-4 et 2,500 gravures. 39 50
POULAILLER (Le), par *Charles Jacque*. 1 vol. in-12 et 120 gravures. 3 50
REVUE HORTICOLE, publiée sous la direction de M. *Barral*.— Un nº de 24 pages in-4, les 1er et 16 du mois, et 48 gravures coloriées. — Un an. . . . . . . 20 »
VIGNE et VINIFICATION, par *J. Guyot*, 2e édit. 432 pages in-12 et 30 gravures. 3 50

BIBLIOTHÈQUE DU CULTIVATEUR, publiée avec le concours du Ministre de l'Agriculture.

EN VENTE : 27 VOLUMES IN-12, A 1 FR. 25 LE VOLUME, SAVOIR :

AGRICULTEUR COMMENÇANT, par *Schwerz*, traduit par *Villeroy*. 1 vol de 332 pages. 1 25
TRAVAUX DES CHAMPS, par *Borie*. 230 pages et 130 gravures. 1 25
CULTURE GÉNÉRALE et Instruments aratoires, par *Lefour*. 1 vol. in-18 de 160 pages. 1 25
FERMAGE (estimation, plans d'améliorations, bail), par *Gasparin*, 3e édit., 384 p. . 1 25
SOL ET ENGRAIS, par *Lefour*, 170 pages et 312 gravures. 1 25
MÉTAYAGE (contrats, effets, améliorations), par *Gasparin*, 2e édition, 166 pages. . 1 25
FUMIERS DE FERME ET COMPOSTS, par *Fouquet*, 2e édit., 270 pages et 19 gravures. 1 25
NOIR ANIMAL, par *Bobiere*, 156 pages et 7 gravures. 1 25
PLANTES-RACINES, par *Ledocte*. 1 vol. de 230 pages et 24 gravures. 1 25
CHAMPS ET LES PRÉS (Les) par *Joigneaux*. 1 vol. in-18 de 144 pages. 25
PRAIRIES, par *De Moor*, 212 pages et 77 gravures. 1 25
CHOUX, CULTURE ET EMPLOI. par *Joigneaux*, 1 vol. de 180 pages et 7 gravures. . 1 25
HOUBLON, par *Erath*, traduit de l'allemand par *Nicklès*. 128 pages et 22 gravures. . 1 25
ANIMAUX DOMESTIQUES, par *Lefour*. 1 vol. in-18 de 162 pages et 57 gravures. . . 1 25
CHEVAL, ANE ET MULET, par *Lefour*. 1 vol. de 162 pages et 300 gravures. . . . 1 25
CHEVAL (Achat du), par Gayot. 1 vol de 216 pages et 25 gravures. 1 25
CHOIX DES VACHES LAITIÈRES, par *Magne*, 3e édition, 144 pages et 30 gravures. . 1 25
RACES BOVINES, par le marquis *de Dampierre*. 2e édition. 192 pages et 28 gravures. 1 25
BÊTES A CORNES, par *Villeroy*, 4e édition, 300 pages et 60 gravures. 1 25
ENGRAISSEMENT DU BŒUF, par *Vial*. 1 vol. in-18 de 180 pages. 1 25
BASSE-COUR. — PIGEONS. — LAPINS, par Mme *Millet-Robinet*, 4e éd., 180 p., 31 gr. 1 25
LIÈVRES, LAPINS ET LÉPORIDES, par *Gayot*, 216 pages et 15 gravures. 1 25
POULES ET ŒUFS, par *E. Gayot*. 1 vol. in-18 de 216 pages et 35 gravures. . . . 1 25
MÉDECINE VÉTÉRINAIRE (Notions usuelles de), par *Sanson*. 1 vol. de 180 pages. . 1 25
ECONOMIE DOMESTIQUE, par Mme *Millet-Robinet*, 2e édition, 324 pages et 106 grav. 1 25
CONSTRUCTIONS ET MÉCANIQUES AGRICOLES, par *Lefour*, 216 pages et 151 gravures. 1 25
COMPTABILITÉ ET GÉOMÉTRIE AGRICOLES, par *Lefour*, 204 pages et 104 gravures. . 1 25

CHACUN DE CES VOLUMES EST VENDU SÉPARÉMENT, 1 FR. 25 C.

BIBLIOTHÈQUE DU JARDINIER, publiée avec le concours du Ministre de l'Agriculture.

EN VENTE : 12 VOLUMES IN-12 A 1 FR. 25 LE VOLUME, SAVOIR :

ARBRES FRUITIERS (taille et mise à fruit), par *Puvis*, 2e édit., 220 pages. . . . 1 25
PÉPINIÈRES, par *Carrière*, 144 pages et 16 gravures. 1 25
CONFÉRENCES SUR LE JARDINAGE, par *Joigneaux*, 100 pages et 12 tableaux . . . 1 25
POTAGER (LE), par *Charles Naudin*, 188 pages et 34 gravures. 1 25
ASPERGE (culture naturelle et artificielle), par *Loisel*, 2e édit., 108 pages et 6 grav. 1 25
MELON, (culture sous cloches, sur buttes et sur couches), par *Loisel*, 3e éd., 112 pag. 1 25
DAHLIA (bouture, taille, multiplication), par *Pirolle*. 148 pages 1 25
PENSÉE (Culture de la), par *de Ponsort*, 1 vol. 1 25
PÉLARGONIUM, par *Thibault*, 108 pages et 10 gravures. 1 25
PLANTES DE SERRE FROIDE, par *de Puydt*, 158 pages et 15 gravures. 1 25
ROSIER. — VIOLETTE. — PENSÉE. — PRIMEVÈRE. — AURICULE. — BALSAMINE. — PÉTUNIA. — PIVOINE. Espèces, Culture, Variétés, par *Marx-Lepelletier*. 104 p. 1 25
PARCS ET JARDINS, par *de Céris*. 1 vol. in-18 avec 56 grav. 1 25

CHACUN DE CES VOLUMES EST VENDU SÉPARÉMENT, 1 FR. 25 C.

MONTEREAU. — IMP. DE L. ZANOTE.

www.ingramcontent.com/pod-product-compliance
Ingram Content Group UK Ltd.
Pitfield, Milton Keynes, MK11 3LW, UK
UKHW022106190726
13855UKWH00002B/668

9 782012 896598